神农文化概述

邓天骥 著

线装书局

图书在版编目（CIP）数据

神农文化概述 / 邓天骥著. -- 北京 ：线装书局，
2023.4
　ISBN 978-7-5120-5402-8

　Ⅰ．①神… Ⅱ．①邓… Ⅲ．①远古文化－文化研究－
中国 Ⅳ．①K210.3

中国国家版本馆 CIP 数据核字(2023)第 048614 号

神农文化概述
SHENNONG WENHUA GAISHU

著　　者：邓天骥
责任编辑：崔　巍
出版发行：线装书局
　　　　　地　　址：北京市丰台区方庄日月天地大厦 B 座 17 层
　　　　　（100078）
　　　　　电　　话：010-58077126（发行部）010-58076938（总编室）
　　　　　网　　址：www.zgxzsj.com
经　　销：新华书店
印　　制：三河市中晟雅豪印务有限公司
开　　本：880mm×1230mm　1/32
印　　张：6.75
字　　数：117 千字
版　　次：2023 年 4 月第 1 版第 1 次印刷

定　　价：63.00 元

线装书局官方微信

伟大集团董事会主席邓天骥

　　伟大集团董事会主席邓天骥代表株洲市房地产协会为株洲市炎帝陵管理处捐款

伟大集团参加拜谒炎帝神农大典

　　伟大集团董事会主席邓天骥受邀参加全国企业家年会"千企千镇进株洲"企业家论坛

　　伟大集团举办株洲市作协笔会，研讨炎帝神农文化

伟大集团开办传统文化学习班，传播神农文化

伟大集团举办传统文化学习月活动，传播炎帝神农文化

序

邓天骥

　　在神农氏时代形成的神农文化是中华民族文化的直接源泉和重要组成部分，富有强大的生命力和广泛的包容性。我国是世界四大文明古国之一，以悠久的历史与灿烂的文化闻名世界。神农文化是中华民族原始社会的物质和精神文明的集中体现，其文化依寄着人性化神明而发展，又促使人性化神明升华为一个民族的文明支柱，它是我国悠久而又绚丽多彩的文明史的重要组成部分，也是我国文化宝库中一颗璀璨的精神明珠。

　　神农氏"始作耒耜，教民耕种；遍尝百草，发明医药；日中为市，首辟市场；治麻为布，制作衣裳；削桐为琴，练丝为弦；弦木为弧，剡木为矢；耕而作陶，冶制斤斧；建屋造房，台榭而居"，神农氏八大功德至今仍养育和支撑人类生存。他止戈息战与黄帝部落团结归合，泽被苍生，成就了炎黄始祖、华夏民族，开启了中华民族绵延发展的万代启源。他带领原始氏族先民，在长期的生产和实践中，创造了丰硕的物质财富和精神财富，开创的农耕文化、医药文化、市场文化、火文化和社会文明等，为中华文明的发轫和中华民族的形成准备了最初的物质、文化基础。他担当为民，心系苍生，忧民疾苦，尝百草，断肠草死，百死不悔。

中华民族先民们在炎帝神农时期，为告别茹毛饮血、居无定所的生活方式，在炎帝神农的带领下，发明耒耜，教人种植五谷。在现今对炎帝神农时期遗址的考古中，发现大量耒耜、稻、粟的遗存，给史书记载以充分的论证。它预示着人们结束了原始社会采集、渔猎的生活方式，进入农耕文明，从此不再出没深山密林之中，不再斗于凶禽恶兽之间，不再风餐露宿。它们越过了人类史上的一大鸿沟，迎来了生活安定、物产相对充盈、病有所治、农忙齐耕的新生活，更显示出炎帝神农氏族在社会历史实践过程中创造的物质财富和精神财富。这是中华民族的先民们从野蛮走向文明，从获取走向发明创造的可持续发展。随着神农氏在农业上的发明、创造，促使原始社会医学、贸易、制陶等文化相继产生，带动原始社会进入鼎盛时期，使其物质文化与精神文化发生了质的飞跃，形成了神农氏族以农业为主的原始社会文化。

神农文化标志着原始社会从野蛮走向文明。炎帝神农氏是中华民族文化的缔造者、华夏文化的创造者、农耕文化的开拓者、市场交换的兴起者、中华民族精神的体现者、社会发展的奠基者、第一次社会大分工的实践者。它奠定了中华民族五千年文明的基石，结束了人类靠自然界赐予的生存现状，从而以生产、创造决定生存环境。神农文化为我们研究上古史提供了可信的依据，让我们更清楚地认识原始社会，了解我国的早期文化和社会的起源；神农文化对我们研究中华文化之源、文明之根起到源头作用，炎帝神农氏是中华文化的先祖，是始文化、根文化，神农文化是中华民族赖以生存和发展的精神支撑，是中华民族之祖魂。

神农文化的内涵体现了天人合一的宇宙观，协和万邦的世界观，自强不息的人生观，忠孝节义的价值观。

神农精神是致力统一的团结精神，自强不息的进取精神，为民造福的奉献精神，勇于探索的创造精神，以人为本的爱民精神，贵和尚中的和合精神。他的精神对当今社会和经济发展有着无限的意义和价值。

随着中华民族新的伟大复兴和构建富强、民主、文明、和谐的社会主义现代化国家伟大事业的不断推进，神农文化中所蕴含深刻的发展进步的信念，必将越来越焕发出鲜活的时代生机。有了这种信念，我们就有了前进的方向；有了这种信念，我们就会有前进的动力，就可以克服和战胜前进道路上的任何艰难险阻。

　　基于以上因素考虑，特此编著了《神农文化概述》一书，希望人们通过此书，全面了解炎帝神农所创造的巨大功绩以及神农文化对当今社会发展发挥的重要作用。同时，也希望更多的人参与进来，共同传播弘扬神农文化，为实现中国梦，构建人类命运共同体，开创神农文化发展新时代！

目录

第一章　炎帝神农　人文始祖

拂去岁月的风尘，翻开历史的篇章，在中国这片古老的土地上，自从盘古开天地，开创了人类历史，有三位上古人物被尊称为"三皇"，对促进中华民族的文明发展功高盖世，他们是——人皇燧人氏：是他发明人工取火，教人熟食，从而告别了远古人民"茹毛饮血"的历史；天皇伏羲氏：他教民结网，从事渔猎畜牧，发明先天八卦，认识了天文地理，从而使人类掌握了自我生存的技能；地皇神农氏，他是农业和医药的发明者。他用木制作耒、耜，教民农业生产，又曾尝百草，发现药材，教人治病，从而使人类步入了健康生存发展的轨迹，这位地皇炎帝神农氏，用他的一生促进了人类文明发展。

一、炎帝神农的远古传说

对于上古历史人物的炎帝神农，史书上没有太多的资料，仅留下了以下记载：《易·系辞下》："包牺氏没，神农氏作，斫木为耜，揉木为耒，耒耨之利，以教天下。"《逸周书》："神农之时，天雨粟，神农遂耕种之；作陶治斤斧，为耒耜锄耨，以垦草莽，然后五谷与助，百果藏实。"《白虎通》："古之人民皆食禽兽肉，至于神农，人民众多，禽兽不足，于是神农因天之时，分地之利，制耒耜，教民农作，神而化之，使民宜之，故谓之神农也。"

从这些历史记载中证实了一个事实：炎帝神农氏发明了耒耜和五谷的种植。而从民间口耳相传的传说中，我们可以看出：中华民族对于先祖的深刻记忆和深切缅怀，彰显了中华远古文明的灿烂辉煌。

炎帝神农氏被世人尊称为"药王""五谷王""五谷先帝""神农大帝"等。作为农业和医药的发明者，他遍尝百草，教人医疗与农耕，是掌管医药及农业的神，能保佑农业收成、人民健康，更被医馆、药行视为守护神。从他一生的经历中，可以看出他不仅是一位发明者、探索者，更是一位将理论与实际完美结合、将理想与实践融为一体的践行者，因此从他行走的轨迹里，到处流传着他的传说，诸如陕西、湖北、湖南、山西、四川、云南等省，而且以湖北、湖南尤盛，这是因为炎帝神农氏生于湖北，故而盛传其生前故事；葬于湖南，则流传故事与葬礼密切相关。

主要有着以下传说：

（一）与民俗相关的传说

流传于湖南茶陵境内关于踩田的来历：古时候，禾苗插在田里，农民不知道要踩田。到安葬炎帝神农时，神农的灵柩抬经茶陵，抬棺的、送葬的，手拄哭丧棍、唱着丧歌在田垄里走过，把禾苗都踩倒了。谁知秋后，凡是被踩过的田，稻谷反而收得特别多。从此，茶陵农民每年插秧十天左右，便手拄木棍，口唱踩田歌谣，模仿孝子拄哭丧棍唱丧歌的样子，到田里踩田，踩松禾蔸、踩死杂草。于是，踩田的习俗由茶陵传到其他各地，沿用到如今。

流传于湖南酃县、茶陵赏狗抬狗风俗：一年秋时，人们好不容易培育的不多的谷种晒在山沟里的一块大石头上。当天正午陡然狂风大雨，山洪暴发，眼看晒在大石上的谷种就要被水冲走，这时神农喂养的大狮子狗从洪水中泅到石板上，在稻谷中打滚，身上沾满稻谷后又泅水回到神农身边。身上的谷子没有了，庆幸尾巴上的稻谷还留着。炎帝神农便将这些谷子一粒粒收集起来，交给人们耕种，使稻谷得以传延，经年终获丰收。于是，每年在人们吃新米饭的时候，炎帝神农想起了狮子狗抢救谷种的功劳，便亲手装了一碗新米饭给狗吃。从此世代相传，年年尝新时，家家户户首先用新米饭赏狗。

而抬狗的来历则是炎帝神农逝世后，有一年遇大旱，禾苗眼看就要旱死，面对灾难，人们想到只要祈求神农就会有办法，只是人们不知道炎帝神农升天去了哪里。这时有人想起了炎帝神农喂的狮子狗还在，只是狮子狗老了，走不动了。大家就用竹椅子，竹竿子扎成轿子，让狮子狗坐在上面，几个青年后生抬着狗满村跑一阵子，老天爷真的下了大雨，旱情解除，这一年又获丰收。此后，抬狗求雨变成了当地的风俗习惯。

（二）山川河流演绎的传说

随州五大水系之一的漂水，具有强力去污功能，传说水中可能富含治愈皮肤病的物质。漂水流经区域，有一长年澄清的深潭，也被演绎成一个美好的传说：

漂水河源于桐柏东山脚下，经过殷店烈山的地方，有一个深潭，传说是炎帝神农经常在这里沐浴和漂洗药材的地方。日子一长，深潭里的水，清澈见底，就是下瓢泼大雨，跟泥浆一样的山洪，涌到这里一下子变清，过了深潭。水色不变。这是因为炎帝神农尝百草，全身有解毒、防腐、镇污、避邪的功能。他还经常在这里漂洗药材，那些药草的作用渗进了水里，再多浑浊的水，也会变清。更神奇的是，有人长了恶疮或得了皮肤病，到潭下的河水中一冲洗，第一天止疼止痒，第二天结疤，第三天掉疤，看不到一丁点痕迹。要是喝了这里的水，百病不生，再脏的白布，放在河里一漂，马上变得洁白。就是这个缘故，潭下沿河一带的人，才将这条河取名为"漂水河"。

而随州离炎帝神农洞不远处有山名为羊子山，山坡上屹立不动的一块块石头，宛如石羊。这一独特的地貌，人们也认为与炎帝神农相关：

据说神农出世后，三天能说话，五日能行走，七天长齐齿，三岁知稼穑之事，人们称他"龙子神童"。他智力超人，力气盖群。他每天赶着羊群上山吃草，自己就到处采摘野果子吃，并时常把果仁丢在羊粪上。第二年开春，他发现果仁都生根开花，不久就长出果实。他有时只顾观察这些植物去了，忘了去看管羊群。羊群常跑到别人的地里吃庄稼。人们就指责神农。神农十分恼恨这些羊群，随口骂了一声："你们这些家伙，再糟害别人的庄稼小心遭雷打！"羊群哪听他的话呢！照样偷偷地吃庄稼。有一天雷雨交加，神农正准备把羊群赶回家，突然一阵炸雷把羊群都打死在山上，变成了一个个的石头。从此，人们就叫这座山为羊子山，又称常羊山。

（三）与地名有关的传说

谷城的来历：炎帝神农出生在烈山，长大以后成为烈山部落的首领。他在前往神农架采集中草药时来到谷城，发现这里东面有汉水滔滔，西南有南河滚滚，两水之间的冲积平原是天然的五谷生长之地。于是他就把自己千辛万苦获得的谷种留下一些，在这里试种。一年过去了，稻谷试种成功了，为当地的老百姓带来新的生存希望。后来人们为纪念这位人类始祖，便将这里取名谷国，这便是谷城最早的名字，后来才称谷城，意为产谷之地。

流传于湖北的神农与生姜故事，解密了"姜不折本"的奥秘：一次，神农在田间劳作，天气闷热，大汗淋漓后又遭暴雨浇淋，加之劳累过度，感觉到头昏眼花，四肢无力，高烧不退。他找到一处林地边坐下，病痛的折磨使他昏睡过去。不知过了多久，他才慢慢地醒过来。他发现身边有一丛长得绿油油的植物，叶阔似竹叶，便拔了一蔸，刮去根茎上的泥土闻了闻，有种芳香和辛辣的气味。他吃下一块根茎后，感觉头也不昏气也顺畅了，不一会儿，头上还冒出微汗，神志清醒，全身轻松。他认为这种根茎挽救了自己的生命，有起死回生的作用，因自己姓姜，便取名"生姜"。意思是它救了姓姜的人的生命。从此，生姜这种植物有了特殊功能，每年将母姜种到地下后生出子姜，子姜长大后，母姜完好无损，不腐不烂，继续能食用，母姜就是"本"，子姜不折损母姜是因为它救了神农的缘故。

（四）与神农架的相关传说

在神农架和湖南茶陵，都有一个流传极广的故事：一次，神农氏在当地采药尝百草时中毒，生命垂危，身不能动，身旁的灌木丛中几棵植物一股清香，他顺手扯下几片树叶嚼烂吞下去，用以解饥疗渴。奇迹出现了，这几片树叶救了神农氏的命。于是，神农氏将这种树叶命名为"茶"，并倡导植茶、喝茶。神农架也是因为炎帝神农氏在这片山林里尝百草、造福人间的功绩而得名，湖南茶陵更因茶而得名。

二、炎帝神农的八大功绩

作为华夏始祖之一的炎帝神农氏，他对中华民族发展的历史功绩，是十分卓越的，主要概括为以下八个方面：

（一）始作耒耜，发明农具

农具的发明标志着从采集狩猎生产向原始农业生产的转变。"耒耜，是古代耕地翻土的工具。耜是耒耜的铲，耒是耒耜的柄。"炎帝神农所做的耒耜，大都为木质，"耒"是一根尖头木棍加上一段短横梁，使用时把尖头插入土壤，然后用脚踩横梁使木棍深入，然后翻出，如此连续操作，便耕翻出一片松地。这种改进，比用石刀、石镰更为省力，它不仅深翻了土地，改善了地力，还增加了农作物的产量。弯曲的耒柄比直的耒柄用起来更省力，将"耒"做成曲柄，劳动强度大大减轻。据说耒耜的发明，是炎帝神农采药时，看见野猪拱土时的启发。耒耜的发明，是人类通过劳动，积极地利用自然、改造自然，生产自己所需生活资料的开始。耒耜作为原始农业的基本工具和重要的生产要素，其产生标志着人们征服自然能力的提高。人类开始了由低级向高级、由野蛮时代向文明时代迈进。

（二）开创农耕，种植五谷

农耕是人类赖以生存发展的最重要的基础，它保障了人类的健康发展，并使人类的自身发展进入了一个崭新的时代。农耕的出现，使原始先民不仅开始了定居生活，而且生活有了最基本的保障。炎帝神农种植五谷，也是因为一次偶然。据说有一天，一只周身通红的鸟儿，衔着一颗五彩九穗谷，飞在天空，掠过神农氏的头顶时，九穗谷掉在地上，神农氏见了，拾起来埋在了土壤里，后来竟长成一片谷穗。他把谷穗在手里揉搓后放进嘴里，觉得很好吃。于是他让人砍倒树木，割掉野草，用斧头、锄头、耒耜等生产工具，开垦土地，种起了谷物。这些谷物既可以为人们充饥，又能强身健体，延年益寿。炎帝神农由此得到启发，通过一样一样地尝，一样一样地试种，最后从中筛选出了菽、麦、稷、稻、黍五谷，所以后人尊他为"五谷爷""农皇爷"。五谷的出现，使原始先民的饮食结构发生了重大变化，开始形成了以谷物为主食，其他肉类、蔬菜瓜果为副食的饮食结构，跨过了通向文明的最初门槛。

（三）遍尝百草，和药济人

炎帝神农尝百草，发明了中草药，提高了人类自身的防御力量，增强了人们调适自然、改造自然的能力。据说神农在遍尝百草的时候，不知道昏死了多少次，遭受了多少折磨，一种一种的草木去品尝，去鉴别。以身体为赌注，以生命为代价，辨识出了365种药物，并将哪些植物可以入药，哪些可以入食，哪些可以外用，哪些可以内用，一一地记载下来，分辨清楚，然后告知人们。神农遍尝百草，之所以获得成功，主要是依靠石花、茶叶、灵芝三件宝物的帮助。石花的发现，对炎帝神农帮助很大，以后他再吃什么草木，再遇到什么毒物，就可以亲眼看到这些东西在自己身体内的变化。而茶叶入肚，便在他的五脏六腑之间上下翻腾，使他的五脏六腑变得晶莹起来。而他吃了一块灵芝后，顿时感觉清香辒满口，舌底生津，不一会儿，还感到一股暖气从丹田升腾而上，以前被各种毒物所侵害的身体，各种的不舒服，各种的疼痛，顷刻之间消失得无影无踪。于是，他将这种植物取名为灵芝，后来依靠灵芝逢凶化吉，转危为安。神农尝百草，最终也命丧于此。他虽然献身了，但其留下的经验和教训却奠定了中国传统医药的基础。人们景仰神农氏在开创中国医药学方面所做出的杰出贡献及献身精神，故将出现的第一部药物学著作《神农本草经》归之于神农氏。炎帝神农的魅力不仅在于创造了物质文明，而且在于他的献身精神，正因为如此，他的传说才有永恒的魅力。

（四）日中为市，教民贸易

农耕文化的发展，必然带来产品的剩余，也为社会分工提供了物质基础。之所以"日中为市"，是因为小生产的局限使然。那时剩余产品无非是少量的粮食、布帛、鸡猪肉和蛋，而且只能零碎地拿到市上去"为买而卖"。买卖很细碎，只能就近交易，当天来回。这就限定了他们到集市去最远行程只能是半日程，即上午赶集，中午交易，下午回家。所以"日中"是市上交易最盛的时刻。过了这个时刻，市上便虚空无人了。这种情况，不惟古代为然，就是近现代也同样如此。传说神农教人们种田和养殖后，人民的生活越来越好，吃的东西越来越丰足。大家都能按照天时地利，从事各种劳动。住在水源好的平原地带的人，主要种水稻；水源差一些地方的人就种麦、黍、稷、菽；靠山的人兼之以狩猎；近河的人辅之以捕鱼；人们生活得井井有条。有一天，神农来到一个位于平原的部落巡视，问大家现在的生活过得怎么样。一位老人说，现在食物充足，就是单调一些。我们这里出产谷，别的东西就很少，有肉没鱼，有饭缺菜，要是能相互交换一些东西就好了。神农一听，这个想法很对。于是召集众人商议，决定开辟市场，让大家把出产的东西拿到市场上来，根据需要互相交换。而且以太阳为标准，即太阳当顶的时候，就在市场上进行交易，过了这段时间就散市。

（五）作陶冶斤，发明器具

炎帝神农发明陶器、冶制斤斧，为原始先民提供了陶制和铜制生活用具，大大提高了当时人们的生活水平，促进了原始手工业的发展。陶器是继原始农业出现后而发明的，主要原因一是满足了人类取水、盛水和煮食的需要；二是受了"火种"的启示，在刀耕火种的过程中，原始先民发现黏土经过火烧之后变硬，遇水不变形，盛水不渗漏，于是，经过多次试验和探索，陶器便发明了。随着制陶技术的不断进步，陶器的种类越来越多，用途也越来越广泛。主要用途有五：其一做生产工具，陶瓶等用于汲水、灌溉；陶刀用于收割庄稼；陶锉用于脱去谷粒、锉磨工具；陶球用于狩猎；陶纺轮用于纺织等。其二是作储盛器，陶器储存粮食可防潮、防虫、防鼠、防霉变；储存水和流质半流质食物可防损耗、污染，也便于搬运；还可盛放其他生活资料。其三是蒸煮器，各种食物都可以用陶制炊具煮熟食用。其四是做饮食器，按饮食品种不同，可分别用不同的陶质器具来储盛，既方便拿取，又提高了卫生水平。其五是用于医药和治疗，某些药物的加工、服用离不开陶器，如蒸、煮、焙、炮等，拔火罐、刮痧刀则直接用于医疗。冶制斤斧，其冶应指金属融冶，当时的金属主要是铜，斤斧均是砍物的工具了。

（六）削桐练丝，首制琴瑟

原始的农耕劳动中，人们逐渐产生了统一节奏的号子和相互间传递信息的呼喊，这可以说是最早的原始音乐的音符。另外，当原始先民们庆贺收获和分享劳动成果时，往往敲打石器、木器以表达自己的喜悦、欢乐之情，这些石器、木器便是原始乐器的雏形。而最早的丝弦乐器相传就是炎帝神农发明的。琴瑟皆由炎帝神农发明，他将桐树的木料刮削成琴身，将蚕丝加工成琴弦，发明了五弦琴，从而开创了我国乐器制作的先河。之所以用桐木作琴，有这么一段民间传说。炎帝神农教民学会耕种以后，庄稼一年比一年长得好，每年秋天丰收的季节，人们就燃起篝火，敲着木棍，跳起欢快的舞蹈来，但没有音乐伴奏的舞蹈未免显得单调。有一天，神农看见一只凤凰歇息在梧桐树上，鸣叫得十分好听，其他鸟也鸣叫起来，唱出了一支支十分动听的乐曲。为什么只有落在梧桐树上的凤凰叫得最好听呢？神农想一定和树有关。他把梧桐树砍下来，去掉两头，只留中间的一段来做琴，以绳丝为弦，反复试验了七七四十九天才做成了五弦琴。琴长三尺六寸六分，第一弦为宫，其次是商、角、徵、羽。从此，人间有了美妙的音乐。炎帝神农创造原始音乐有以下三个功用：一是利用音乐去"规范"原始先民们的思想意识，"通其德于神明"，从而使原始音乐对先民们的思想"规范"逐步彰显其魅力。用音乐将自我归化为神明，有利于炎帝神农有效地统领与教化部落子民。二是人与人、人与自然能够和谐相处。三是用音乐陶冶性情。炎帝神农"削桐为琴，练丝为弦"，对中国的音乐发展做出的重要贡献永载史册。

（七）治麻为布，始兴纺织

炎帝神农在大力提倡农业的同时，发明了纺织制衣技术，把人们从衣兽皮、披树叶的窘境中解放出来。这时的纺织材料除了毛皮外，已有了葛、麻、丝等天然有机材料。传说中的"手经指挂",指的就是纺织网席的活动,由编网发展为纺织,这符合纺织发展的一般规律。可以说,炎帝神农率先治麻为布、制作衣裳是时代的一大进步。

（八）筑台建室，改善民居

炎帝神农建造房屋,对所建地方按照农耕和定居的不同要求,相地之宜,划分不同土地类型,根据水源质量的优劣,择地而居。神农相土主要是把握燥、湿、肥、硗、高、低等类型,尤为注重定居点周围的环境优劣。居民点的分布,都有简单的功能分区:居住区与作坊区分开,住宅区与墓地分开。在建筑布局上也有一定规律:聚落中心是氏族公共活动中心的大房子和开阔场地,周围环建住宅,宅门都向着中心;中心场地留着东向或东南向的开口,住宅只在北、西、南三面环绕布局。这种布局利于接受阳光和通风,有利于安全防范,应当是远古先民们对自然环境研究而优选的结果。依山傍水、向阳避风、众星拱月、向着公共中心,这种原始的功能分区,是一种"物竞天择,适者生存"的科学选择。

三、炎帝神农的文明曙光

炎帝神农是中华民族的人文初祖，炎帝神农文化是中华文明初创时期的代表性文化，是中华文化的根脉所在，灵魂所在。中国是一个以农立国的国家，中国农耕历史之悠久、技术之精细、文化之灿烂、影响之深远，举世无双。而炎帝神农即是农耕之始祖，形成这种现象的根源在炎帝神农时代，延续这种现象的根脉是炎帝神农文化。突出表现在以下几方面：

（一）以农为业

民以食为本，食以农为先。正是因为承袭了炎帝神农的农耕文明，教民耕种，使农业社会形态逐渐形成，才使黄帝能够"修德振兵""征师诸侯"，文治武功鼎盛一时，开疆辟土，臣服四方，奠定华夏一统。农业及农业文明所依附的土地，是中华民族的生命之源，一切的生命与生活，包括其衍生出来的风俗、信仰、科学、哲学、价值，都源于此。炎帝神农作为农耕文明的创始人，使原始先民从采集狩猎的野蛮时代过渡到农业定居的文明时代，因而受到华夏后裔世世代代的崇拜和祭奠。

1. 发明农耕工具

炎帝神农的伟大功绩要从发明农耕工具，提高生产效率开始。从传说来看，炎帝神农最早发明了农具。不少古籍均记载了炎帝神农创制耒耜等农耕工具。按照《周易·系辞下》记载："神农氏作，斫木为耜，揉木为耒，耒耨之利，以教天下。"这里是说炎帝神农教人砍削木头，以做成耒，弯曲木头以做成耜，用于农业生产。耜犁等工具与牛耕的出现改变了史前农业的耕作方式，大大提高了农业生产效率。当农业发展到牛耕时代，农业已由原始农业过渡或进入到经验农业，开始了生产经济的新阶段，而农业经济和农业定居正是文明时代开始的标志和象征。

2. 选择优质稻种

炎帝神农部落的先民们，以超人的胆识和气魄，走遍大地，为了解决饥饿问题，经过反复实践，多次尝试，终于发现嘉种，认识了能充当食物的植物。经过许多次的尝试和实践，逐渐筛选出了稻、黍、稷、麦、菽五种植物，后人将这些作物统称为"五谷"或"百谷"，并留下许多"神农创五谷"的美好传说，五谷的养育使得中华民族得以生存和发展。

3. 改进耕作方式

刀耕火种是原始农业的一种耕种方法，刀耕是指用木具、石刀或者类似金属（青铜）类的器具来翻耕土地，让土地变疏松，利于作物种子的生长发育。火种是把地上的树木和荒草烧成灰做肥料，就地挖坑下种。刀耕火种对当时发展农业生产有重大意义。

4. 明确男女分工

男耕女织是农耕民族独有的生产生活方式，是中国几千年来农业社会的主要性别分工模式，延续数千年，今天其影响依然存在。这种模式是在长期的生产实践中依据生产的规律自然形成的，成为几千年来中国以家庭为单位的农业生产方式的理想分工模式。炎帝神农部落开创的农业文明，促成了男耕女织劳动分工制度的形成。反过来这一劳动分工制度也促进了原始先民的农耕定居生活。

5. 奠定农家基石

炎帝神农开创了农业文明，后世公推为"农神"，影响深远。春秋战国时期，诸子百家争鸣中就有一支宣讲神农的农家学派。许行依托远古炎帝神农"教民而耕"之言，主张"种粟而后食""贤者与民并耕而食，饔飧而治"，是战国时期农家学派的代表人物。他继承了炎帝神农朴素的原始农业思想，保存了远古神农学说的精神，主张自耕而食，自织而衣，反对市场欺诈行为，所以许行称为"有为神农之言者"。

6. 奉行以农立国

民以食为天，国以农为本。炎帝神农创立农耕以来，历代统治者无不重视农业，农业的发展，对于稳固国家政权起到了非常重要的作用。国家在经济政策上一直奉行以农为本政策，即保证经济政策向有利于农业发展的方向倾斜。这是因为农业的发展，会给国家和人民带来很多好处。第一，有利于安定民生，从而有利于稳定和巩固其统治地位。第二，农业是国家富强、实力雄厚的源泉，又是国富力强的标志。第三，农业的发展，也为手工业的发展提供了原料和市场。第四，农业还为战争提供了物质基础。

（二）以民为本

炎帝神农文化也是一种以民为本的文化。国以民为本，民以食为天，食以农为根，农耕文明是国泰民安的基业。炎帝神农始创农耕，解决了老百姓当时最大的问题——吃饭问题，并认识到农业生产与人民生活的密切关系。炎帝神农对中华文明的贡献无不围绕着一个"民"字而展开。以民为本才能天下归心，才能团结那么多的部落结成联盟，形成华夏族的雏形。民本思想是一种以民众利益为最高价值观的伟大品质，它的实质是为民造福、牺牲与奉献。中国传统的民本思想主要表现为重民、贵民、安民、恤民、爱民等。这些民本思想，是从炎帝神农文化时期开始萌芽的。炎帝神农以造福民生为己任，毕生为之奋斗。

（三）法祖敬宗

中国人素有"慎终追远""法祖敬宗"的传统，祖先崇拜是中国传统文化中的价值取向之一。炎帝神农文化赋予中华文化的特点之一就是"法祖敬宗"。

1. 祖先崇拜

中华民族一直在民族认同感中延续发展着他们在原始社会末期形成的炎黄祖先崇拜，这种信仰延续不断地与中华文明相伴随，成为中华文明的特质。就是在祖先崇拜中，中华民族找到了自己继承传统文化的归宿，成为中华文明不断延续的原因之所在。祖先崇拜的功能之一是凝聚人心。相同的祖先崇拜是同一民族乃至多个不同民族认同的重要纽带。以血缘关系为基本内容的祖先崇拜，能让人们和过去交流，上通古往先祖，下启后世子孙，从而传承文化，得到现实的回报，群体的凝聚，后代的继承。

2. 英雄崇拜

炎黄崇拜具备了对中国远古部落领袖祖先崇拜与英雄崇

拜的共同特点。他们不仅是氏族的远祖，具有血缘上的继承关系，而且先民们崇拜的对象还是具有英雄特质的人物，在不断的神化和夸张中表现出卓越的智慧和高超的本领。

3. 慎终追远

"慎终追远""法祖敬宗"的祭典文化是中国传统文化的重要组成部分，是"民德至厚"优秀传统美德的体现，也具有教化民众的重要作用。对先祖的祭奠不仅是怀念祖先，报答祖先功德，更是对祖先文化和智慧的继承。中国人相信，祖先和逝去的亲人并没有离开，他们的在天之灵永远和世人同在。祖先在中国人的心目中最为神圣，爱国主义思想在很大程度上有法祖敬宗的含义，这种思想深入我们的骨髓，铸就了一种具有强烈责任感的民族精神：为人行事要对得起天地良心，绝不能辱没先祖。

（四）天下一统

炎帝神农和黄帝被共称为中华民族的"人文初祖"，是中华民族团结、国家统一的象征和文化认同的源泉。中国最早团结统一的局面，就出现在炎黄时期。在相同的文化里，统治者需要一个共同的文化认同的精神偶像，成为团结各个集团的号召和旗帜。这种文化和政治需要在秦汉统一、中原王朝成多民族国家以后，显得非常重要。因此，对于炎黄共祖的认同，成为战国秦汉时期大一统局面形成过程中重要的文化构建。

1. 血缘同种

中华民族自古以来就特别推崇祖先，是一个注重血缘关系的民族，按照血缘关系认祖归宗是我们这个民族的优秀品德。这是因为中国在国家形成过程中，社会组织的血缘关系解体不充分，因此，嫡长子继承的宗法制成为古代重要的政治制度，深刻影响了中国的历史进程。"家国同构"的政治模式，也加重了政治文化中的血缘认同。

2. 文化同根

肇始于炎黄时代的各种礼仪制度和文化创造，不仅对古代华夏乃至汉族的发展壮大产生了巨大的影响，而且还在中国历史上起到了巩固华夏民族团结，推动社会进步和经济发展，维系传统文化和礼仪制度的作用。所以，炎黄二帝不仅在血缘上作为华夏先民始祖，还在文化上被尊奉为源远流长的华夏文明的人文初祖，反映了各民族对炎黄文化的认同和继承。这种文化认同，具有稳定性和延续性的特点，对社会生活具有长期而深远的影响。

（五）药茶源泉

炎帝神农对中医药文化与茶文化的发展做出了巨大的贡献，开启了中国药文化、茶文化的源泉。

1. 中药之宗

炎帝神农是中国古代早期医药学的鼻祖。为解除人们的疾苦，他遍尝百草，了解植物的治疗作用，开创了中国医药文明。后世人们尊称神农为"药王菩萨"。

炎帝神农通过无数次的尝试，逐渐认识到某些植物对人体有益，某些植物对人体有害，某些植物可以治病。通过与自然、疾病的无数的较量中，不断探索、实践、发现、发明和总结了先民们的医药知识与经验，开创了中国医药学的先河。

2. 茗茶之祖

追本溯源，茶叶始为药材，茶饮始为药饮。茶的发现与利用是与炎帝神农遍尝百草发明医药的过程紧密相连的。神农氏最初认识茶却是将其当作一味药材、一种解毒的草药来使用的，这说明是神农氏发现了茶叶及其药用功能。自从炎帝神农奠定了茶为药饮的基础后，华夏子民开始与茶结下了不解之缘，不仅发扬光大了茶的药用功效，而且在不断的实践中丰富发展了对茶的认识，把茶的功能进一步拓展升华。

（六）儒道渊薮

1. 炎帝神农文化与儒家

法先王：儒家文明是建立在以农为本的农业经济基础之上的，因此，可以说中国没有炎帝神农氏创始的农耕文化，就没有几千年来的儒家文化。儒家文化由炎帝神农、黄帝肇基，唐尧、虞舜、大禹、商汤、周文王、周武王、周公等续创，孔子集成，从而基本成形。在传统儒家看来，传说中的上古圣王时代，是人类社会最高尚、最合理的时代，是后世一切时代的理想典范。这种历史观，是和儒家"法先王"为目的尊古、崇古的政治观密切联系的。所以，在儒家经典对上古历史的描述中，炎帝神农成为"德治"的重要代表人物。

重农抑商：儒家学派继承和发展了炎帝神农的重农思想，并进一步强调深化、发展为延续封建社会始终的重农抑商思想，对中国几千年来的政治、经济、人文思想产生了深远的影响。重农抑商政策是我国封建社会最基本的经济指导思想，受到统治阶层的维护，它主张重视农业、以农为本，限制工商业的发展，以保证经济政策向有利于农业发展的方向倾斜。这种思想是中国古代农业经济昌盛不衰的根源。

饮食与礼教：以食为天的基础是以农为本，首功当推炎帝神农，他对儒家的影响，还由于发明的"饮食"——农耕文明和教民熟食，这种面向实际的功绩，养民、育民，赋予了氏族部落成员生命，奠定了人民的生存之基。而作为人类生存、发展的源头——饮食文化，成为儒家的核心思想之一礼的本源。

2.炎帝神农文化与道家

炎帝神农文化是中华传统文化的源头，道家是中国文化的根柢，这一扎根在中华民族传统文化沃土上的古老学说，形成了一套完备的以"道"为核心内容的文化体系，在道家的发展过程中，也汲取了很多炎帝神农文化的营养。

农耕文明与道家：炎帝神农创立的农耕文明是道家文化的源头和母体。炎帝神农的"刑政不用而治、甲兵不起而王"与道教的"无为而治"如出一辙，一脉相承。道家独特的对自然和人生领悟、形而上的深度观察与思辨特色，很大程度上源自对农耕文化的体察与认识。道家中常用的阴阳概念，最初源自农业生产中的日光相背，是因地制宜进行农业生产的必要前提。道家以"清静无为"为修道之本，这是对农业自然再生产特征的引申与发挥。

医道并行：炎帝遍尝百草，用以治疗疾病，是中医药的发明者。炎帝神农作为医药始祖的身份，为道教所传承和宣扬，而道教的哲学基础就是道家。道教一开始便和医药学、方术学结合在一起，治疗疾病也是道教早期传播的重要形式之一。

3. 炎帝神农与楚文化

楚文化的根源可以追本溯源到炎帝神农。祝融是楚人的先祖，祝融很早就是炎帝神农的臣僚，听命于炎帝神农，可见楚文化与炎帝神农文化的渊源关系。正是在炎帝神农文化的影响下，形成了楚地的音乐、舞蹈、雕刻、绘画等特有的风格，形成了楚风、楚俗的鲜明特色。炎帝神农文化是楚文化的肇端，是"源"与"流"的关系，它使楚文化更加绚丽多姿，充满了勃勃生机，具有强大的生命力和影响力。

四、炎帝神农的祭祖祈福

　　祭祀是通过固定的仪式向神灵致以敬意，并且用丰厚的祭品供奉它，请求神灵帮助人们实现靠人力难以达成的愿望。在中国漫长的五千年历史中，祭祖祈福的重要性仅次于祭天。《史记·礼书》中说，"天地者，生之本也；先祖者，类之本也"。意思是祭祀天地，是报答天地覆载之德，而祭祀祖先，则是在尽孝道，感谢赐予生命之恩。祭祀这个社会习俗，具有深刻的文化意义。

　　祭祖祈福是一种孝道文化，"身体发肤，受之父母"，而人来源于物，物来源于天地。由于自然界给了我们衣食，祖先给了我们生命，所以报答的方式便是敬天祭祖。祭祀祖先是为了发扬孝道，"家祭无忘告乃翁"说的就是这个道理。《礼记·坊记》说："修宗庙、敬祀事，教民追孝也。"

　　生命来源父母，祖上以及自然，这是一种非常朴实的自然观和社会历史观，把社会归结为家庭，把家庭归结为自然，基本上合乎人类演化和早期社会发展的历史。祭祖祈福是家族社会的宗教，也是它的哲学，是它的最高信仰，在很长时期内极大地影响着中国社会的民俗和精髓。

随着生产力的发展，祭祖的内涵逐渐演变为纪念祖先的崇高人格和丰功伟绩，成为圣贤崇拜的文化价值理想。人们在虔诚祭祀祖先时，通过对祖先高贵品德的赞颂，则会潜移默化地恪守伦理道德；通过对先祖的人格与能力的赞扬，告诉自己以及子孙后代要见贤思齐；通过对先祖拼搏奋斗的精神的弘扬，懂得稼穑之艰难，从而笑对坎坷，面对人生更加坚强、努力和从容。通过对先祖赐予生命的感激之情，领悟生命的珍贵，从而更加懂得感恩与珍惜生活中的一切。祭祖祈福这一社会习俗负载了十分丰厚的精神内涵，联系了中华民族文化传统的诸多范畴，经过千百年间无数代际的传承，已经作为一种精神和感情的遗传基因，作用于这个民族的精神发育过程。

因此，祭祖、祭天与祭地合为古代的三大祭礼之一的活动也就有了基础。清明节、重阳节等节日是祭祖日，祭祖也是中国人宣告自己为炎黄子孙的最直接的方式。

古代的思想家，自觉或不自觉地以传承和规范祭祖文化为己任。他们从修德配天、神人分治的宗教信仰出发，特别注重祭祖作为治人之道的社会作用，尤其是大规模祭祖活动的政治文化整合功能和普遍的道德教化功能。同时，他们认为祭祖也具有文化传承功能和社会交往、集体团聚的功能。他们将祭祖的核心规范为"敬",从而将祭祖的根本目的从传统的禳灾祛病、求福避祸转换为培养人们的诚信忠敬意识,并且主张用情智统一的态度去祭祀已故的祖先亲人,构筑了具有中国特点的传统祭祖文化。

炎帝神农作为中华始祖,自然成为祭祖的主要对象。几千年来,炎帝神农受到普天下炎黄子孙的世代钦敬与仰慕,他们以各种形式谒陵祭祖,炎帝神农的民间祭祀一直香火不断。

自秦朝统一中国后,炎帝神农一直得到崇祀。历朝历代的皇帝每逢"岁春三月吉亥"之日都要先祭神农,然后再躬耕籍田,将"祭"和"耕"有机地结合起来。其习俗历经千年,一直延续至清代。主要形式有陵祭、庙祭、殿祭和先农坛祭。

而炎帝神农的民间祭祀,更是历史传承悠久,地域覆盖广泛,形式多种多样。由于传说不同,炎帝神农祭祀时间随各地风俗而异。在南方对炎帝神农的祭祀,有源于蜡祭的春节祈福;清明、冬至扫墓祭祖;农历四月二十六日的生辰祭祀;新粮初上的"尝新"之祀;遇有自然灾害书的禳交灾之祀等。

对炎帝神农的祭祀,表达的是古人对炎帝神农的敬畏之心和报答之情。后世祭祀"先农""先医"是报本反始,对农耕、医药文化创始人的推崇和承传;对炎帝神农的始祖之祭,是敬祖爱国、表达对国家统一、民族昌盛的强烈愿望。当然,除了"酬功"之外，随时代不同，对炎帝神农的祭祀逐渐具有更深的意蕴。

辛亥革命后，中国开始了近现代的进程，而由封建朝廷主持的延续数千年的祭祀炎帝神农的制度也发生了重大变化，对炎帝神农的庙祭、殿祭、先农坛祭逐渐停止，中央政府对炎帝神农的陵祭活动也暂时中断。

根据记载和碑文，湖南省政府于1940年10月正式祭祀过炎帝神农陵一次。此次祭祀活动礼仪隆重，在群众中影响很大，是近代官方代表祭祀炎帝神农级别最高的一次。此后由于多种原因，各地炎帝神农的祭祀典礼中断了40余年。

1986年，湖南省炎帝陵修复。1993年，湖南省人民政府公祭炎帝陵。现已形成重阳节由省、市主典公祭，清明节由县主典民祭的祭典格局。自1986年始，炎帝陵举行大型祭祀活动60余次，前来祭祖谒陵的海内外人士300余万人次。

炎帝神农是中华民族的人文始祖，是中华民族共同体形成时期的血缘共祖，是中华民族在几千年来的民族大融合中形成的民族偶像。因此，全世界的华人都承认自己是炎黄子孙。炎帝神农文化使中华民族的各个民族之间都有一个共同的心理归宿，同时增强了全世界炎黄子孙的凝聚力和向心力。改革开放以后，全中国各族人民怀着热爱祖国、为中华民族崛起、为维护祖国统一和领土完整、为建设一个盛世中国的美好愿望，从 1980 年以后，逐渐在各地开展了对炎帝神农的祭祀大典活动。全世界各地华人也纷纷参加炎帝神农的祭祀活动，祭祀炎帝神农不仅成为一项重要的国家庆典，而且已经成为全世界华人之庆典，整个中华民族之大典。

举办炎帝神农祭祀活动，是为了缅怀始祖炎帝神农之万代恩泽，颂扬他开启文明、奠基华夏的丰功伟绩。炎帝神农文化精神是中华民族精神的精髓，因此，通过扩大炎帝神农祭典的社会影响力，能进一步弘扬爱国主义精神，增强民族凝聚力，增强炎黄子孙的归属感，激发炎黄子孙同心协力，为实现国家的繁荣昌盛、中华民族的伟大历史复兴而努力奋斗，有利于社会和谐发展和祖国统一。

第二章　神农文化　璀璨浩瀚

一、神农文化的六大内涵

何谓神农文化？神农文化本身是一个内涵十分丰富的命题，涉及炎帝神农部落生活而产生的部落文化、炎帝神农教授耕作而产生的农耕文化、炎帝神农亲尝百草而产生的医药文化等。炎帝神农氏不同的身份所蕴含的文化含义也不相同。在诸多研究中，炎帝神农氏被赋予了农耕文化、医药文化和香文化的始祖的角色。本节将从"农耕文化""工业文化""火文化""医药文化""市场文化""音乐文化"多维度对神农文化进行解析。

（一）农耕文化

在炎帝之前的时代，先民们不知耕种，不知米谷是重要的食物，只知采摘各种草木果实以果腹。是炎帝独具慧眼，首倡种谷，带领先民告别了漫长的蛮荒生活，跨过了通向文明时代的门槛。《管子·轻重戊》曰："神农作，树五谷淇山之阳，九州之民乃知谷食。"《新语·道基》说，古时"民人食肉饮血"，炎帝神农"以为行虫走兽难以养民，乃求可食之物，尝百草之实，察酸苦之味，教民食五谷"。《周礼·天官·疾医》云："五谷，麻、黍、稷、麦、豆也。"《风俗通义》载："神农悉地力种谷疏。"《国语·鲁语上》载："昔烈山氏之有天下也……能殖百谷百疏。"疏通蔬，即蔬菜，如白菜、苋菜等。《炎陵志》引《考古原始》云：神农之世，炎帝"作鉏耨，以垦草莱，教民种瓜蓏"，瓜即瓜菜，如冬瓜、南瓜、黄瓜等；蓏，是指植物果实，如桃、李、梨、橘、柚、枇等。这些都是炎帝神农氏教民耕种的生动史料记载。

炎帝神农氏在教民耕种的过程中发明了耕播工具。《周易·系辞下传》载："庖牺氏没，神农氏作。斫木为耜，揉木为耒。耒耨之利，以教天下，盖取诸益。"《礼·含文嘉》说，神农氏"始作耒耜，教民耕种"，都讲到炎帝神农氏制作的耕播工具——耒耜。耒耜的创造和推广使用，极大地促进了农业生产的发展。

随着种植业的兴起，人们的食物逐渐有了剩余。于是，炎帝部落把野生的猪、狗、羊、鸟、牛、鸡等进行人工饲养，既作为人的肉食，又驯其畜力服务于人，由此又出现了畜力农耕。(《论衡》东汉·王充著)载述炎帝之世，神农氏"煮马屎以汁渍种者，令禾不虫"，便是当时畜牧饲养业的写照。

除文献记载外，炎帝神农氏时代的许多遗址遗物也为当时的农耕文明提供了确凿的例证。西安半坡遗址出土了当时的谷壳和蔬菜、瓜子；长江中下游的河姆渡、万年仙人洞、圩墩、崧泽、马桥、梅堰遗址，以及黄河流域的裴李岗、磁山、北首岭遗址，都发现了那时的水牛、黄牛头骨。在黄河下游的寿光县城南孙家集镇古城堡遗址，还出土了那时祭奠用的猪、狗骨架等。

炎帝首创的农耕农作及其后来在中华民族普遍的使用与发展，是炎帝神农氏对中华民族做出的最大贡献。

（二）工业文化

耒耜等耕播工具的发明创造直接促成了我国手工业的萌芽。手工制陶业、手工缝织业、手工冶炼业、建筑业等工业文明无不源自炎帝部落。

冶陶，是人类利用火改变天然材料的性质，创制全新材料的开始。最早的冶陶技术是由炎帝神农氏发明的。《周书》说，神农"耕而作陶"。《逸周书》说，神农"作陶冶斤斧，耒耜锄耨，以垦草莽"。炎帝部落在"刀耕火种"过程中，发现被烧过的土块很坚硬，于是将泥土做成刀斧形状，然后放在柴火中煅烧，待泥土烧得透红后停火冷却，制成陶质刀斧，用于锄草垦地。随着制陶技术的不断改进，先民们逐渐大量制作凿、锉、耜、纺轮等陶质生产工具和各种生活用具，陶业制作的规模越来越大，陶器的造型越来越多，并且有了红色或黑色彩陶和各种雕塑陶。炎帝时代，已经有了陶质鼎（鬲）、甑、釜、罐等炊具和钵、碗、盆、盘、杯等饮食器具，此外还有汲水用的小口尖底罐、盛储东西用的瓮、罐以及灶与釜连成一体的釜灶等。陶器的发明和使用，给原始先民的生产和生活带来巨大变革，也为原始的文化艺术提供了重要的载体。先民们在各种各样的器皿之上，用拙朴的工具、质朴的色彩、纯朴的手法，描绘自然、记录生活、传递信息，孕育了最初的原始艺术。

手工缝织业是伴随制陶业产生的。《庄子·盗跖》云："古者民不知衣服，夏多积薪，冬则炀之，故命之曰知生之民。"上古之民，最初是运用磨制的骨针、骨锥将树叶、树皮或兽皮缝成一块，遮身蔽体，既经不起长期风吹雨打，霜雪侵袭，又极不雅观。后来，炎帝从一群女子采集的长草中发现了柔软的麻，经过不断地摸索，他带领先民将麻织成布做成衣裳。先民们所用的最原始的缝织工具就是骨针、骨梭和陶制纺轮。《路史》说，神农"教之麻桑，以为布帛"；《礼记·礼运篇》说，炎帝神农"治其丝麻，以为布帛"；《庄子·盗跖》又云："神农之世……耕而食，织而衣。"这些都是炎帝神农氏开创纺织、制作衣裳的真实记载。

手工冶炼业和建筑业也都产生于炎帝部落。据《拾遗记·炎帝神农》记载，神农之世，"米镋之铜以为器"。当时的手工冶炼主要是铜的冶炼制造。我国迄今发掘最早的金属冶炼物，是在临潼姜寨发现的一块铜片，经化验，铜占 65%，锌占 25%，其余为少量的锡、铅、硫、铁等，属含铜、锌较多的黄铜。在山东胶县三里河也发掘出了原始手工铸造小型铜器，如刀、凿等。人类起源之初，为了躲避猛兽和风雨，或住在树上，或居于山洞。到了神农之世，随着农业的兴起，先民才由流动的树居、穴居而改为搭舍、筑室定居，原始建筑业也随之产生。《礼记·礼运篇》说，炎帝之时，断木"以为台榭、宫室、牖户"。《庄子》亦云："神农之世，卧则居居，起则于于。"河姆渡出土的大型"干栏式房屋"遗址及长达十余米的屋柱、榫卯房屋构件，即是炎帝时代手工建筑业的实物遗存。

炎帝神农氏开创的原始工业文化大大地提高了上古先民的生产生活水平，和农耕文化一道，为古代社会经济的发展奠定了最为坚实的基础。

（三）火文化

农耕文化、工业文化的起源和发展，都离不开火的应用。天然之火，自然界早已有之，人类初始，又有了人工造火。古籍《世本》载："燧人氏钻木取火，造火者燧人也。"据考古发现，在距今 170 万年前的元谋人化石地层里，就有了大量炭屑，其中还有烧骨，这是中国迄今发现的最早的人类造火遗迹。到了炎帝神农氏时代，氏族先民不断把火这一早已有之的"自在之物"转化为"为我之物"，转化成导民造福之物，在生产、生活中对火有了广泛的应用。上古时代植被丰厚，炎帝放火烧山垦荒，既变荆棘为灰肥，又便于耕种，为开创农耕文明、发展农业生产奠定了基础，故后世称其为"火德王"，《左传》亦言："炎帝为火师，姜姓其后也。"

为了改善民众的生活，炎帝"修火之利"，"耕而作陶"（《礼记·礼运篇》），"作钻燧生火，以熟劳臊，民食之无兹胃之病，而天下化之"。（《管子·轻重戊》）炎帝用火使古人由生食动植物进入到熟食动植物，推动古代人类文明实现了一次划时代的重要进步。

（四）医药文化

原始社会生产力水平低下，生产环境和生活条件恶劣，"疾病毒伤之害"成为先民生存的最大威胁。

上古先民长期采集、食用野生植物，他们发现食用某些植物，会发生呕吐、腹痛、腹泻、昏迷甚至死亡；而食用另一些植物，可以消除、减轻疼痛和不适，或解除中毒和昏迷现象。炎帝神农氏从中受到启发，决心利用植物为民治病。于是，他经常背着药篓，一手持石斧，一手持赭鞭，跋山涉水，去采集药用植物。高处采不到的，就将赭鞭甩上去，再扯下来；悬崖陡壁下不去的，就用赭鞭缠住岩石或树木，再抓着赭鞭下去。每采到一种植物，他都要辨别其气味，观察其颜色，嚼尝其滋味，感受其在体内的反应，判断其"平、毒、燥、寒"，确定其治病的作用和使用方法。他还根据植物的外形特点或功用起下名字，以便记忆和教给大家。《帝王世纪》载，炎帝神农氏"尝味草木，宣药疗疾，救夭伤人命"，"磨蜃鞭芨，察色腥，尝草木而正名，审其平毒，旌其燥寒，察其畏恶，辨其臣使，厘而三之，以养其性命而治病"。《史记·补三皇本纪》说，神农"以赭鞭鞭草木，始尝百草，始有医药"。《淮南子·修务训》说，神农"尝百草之滋味，水泉之甘苦"。这些记载，生动地描述了炎帝神农氏在与大自然和疾病做斗争的过程中，经过不断探索实践，逐渐总结出各种治病疗疾的医药知识的动人情景。

炎帝神农氏为了救民疾苦而舍生忘死，鞠躬尽瘁，尝"一日而遇七十毒"，(《淮南子·修务训》)终因误尝断肠草而"崩，葬长沙茶乡之尾，是曰茶陵"。(《路史》)后人不忘炎帝神农氏在开创医药方面的杰出贡献和献身精神，将我国第一部药物学专著归功于神农氏，称为《神农本草经》，并尊炎帝为"先医"，即医药的创始人。

（五）市场文化

耕播农业的兴起使原始社会实现了由攫取经济向生产经济的转变，社会生产力得以不断提高，社会生产行业日渐多样化，畜牧业和以制陶、纺织为主的手工业从农业中分离出来，成为专门的生产活动，实现了人类的第一次、第二次分工。随着社会生产力的发展和生产行业的分工，一些产品出现剩余，开始萌发以物易物、互通有无的交换活动。这种交换，首先是在部落内部进行，后来发展到部落与部落之间、产业与产业之间进行。

为了便于人们进行物品交换，炎帝想到了在部落的中心设立"墟场"，并约定在太阳照在头顶上的时候，让大家都到墟场上进行交换，这就是"日中为市"。对此，不少古籍都有记载。《易经·系辞》说，炎帝"日中为市，致天下之民，聚天下之货，交易而退，各得其所"。《汉书·食货志上》曰："洪范八政，一曰食，二曰货。食谓农殖嘉谷可食之物，货谓布帛可衣及金刀龟贝，所以分财布利通有无者也。二者，生民之本，兴自神农之世。"

随着可供交换的产品日益增多和产品品种的日益丰富，交易规模不断扩大，集市时间也不断增长，于是便有人在墟场上建造房屋，叫"列廛设市"，"墟"也就成为具有交易和聚居两个功能的场所了。

交易的产生，不仅满足了人们对生产资料和生活资料的需要，而且进一步刺激了生产分工和技术进步。同时也增进了人们相互交往和各种文化的交流与融汇，为形成广大地域的共同经济与文化提供了条件。

（六）音乐文化

炎帝部落种植谷物，连年获得丰收，先民因"耕桑得利，究年受福"，过着相对稳定的生活。人们有了衣穿，有了饭吃，可以进行教化了。于是炎帝发明了五弦琴，世称神农琴。《帝王世纪》云："炎帝都于陈，作五弦琴"。《杨子》载："昔者神农造琴以定神，禁淫僻，去邪欲，反其天真者也。"《新论》说，炎帝"上观法于天，下取法于地，于是始削桐为琴，练丝为弦，以通神明之德，合天地之和焉"。意思是说，炎帝造琴的目的是通过音乐用神明的德行和大自然的和谐来感化人们，协和人心，扶持风化。

神农琴的制作十分讲究。《广雅》载："神农氏琴长三尺六寸六分，上有五弦，曰宫、商、角、徵、羽。"据传，它选择上等桐木作为材料，而且有尺寸规制要求。经过刮削、打磨、"练丝为弦"、组装和调音等多道工序才能完成。神农琴的发明，为民族乐器的发展打下了基础，后来周文王在五弦琴的基础上"增二弦,曰少宫、少商",作七弦琴。

五弦琴制作出来之后,炎帝叫邢天"作扶犁之乐,制丰年之咏"。(《路史》)《孝经·援神契》曰:"神农乐名曰扶持,亦曰下谋",是说那个时期的音乐创作取材于先民的耕播农事活动。

关于五弦琴的创制,至今流传着一个美丽的传说——

那是炎帝部落才迁徙到陈(今河南淮阳县)这个地方的时候,部落大面积开垦土地,所有的荆棘、灌木丛都砍完了,最后剩下一棵高大的桐树挖不下来。炎帝找来麻绳,叫大家用绳子去拉。先是拴一根麻绳,用五个人去拉,桐树纹丝不动。后来用五根麻绳,二十五个人去拉,还是拉不动。炎帝发现,不是人少了拉不动,而是用力不协调。于是,炎帝叫邢天去指挥。邢天想,这么多人怎么指挥呀!急中生智,他想出"宫、商、角、徵、羽"五个口音,叫大家念熟,然后有节奏地哼一个音,用一次力。

这一招竟然很灵。只听得第一遍哼过,五根绷得紧紧的绳子一齐颤抖,发出悦耳的弦音。第二遍哼过,桐树颤抖起来,出现和谐的共鸣。待到哼过三遍,桐树中发出震耳欲聋的轰鸣,随着轰鸣戛然停止,绳子断了,桐树倒下,树干齐崭崭地折断,里面是一个空洞,长三尺六寸六分。

炎帝以为这是天神的旨意,就将这节中空的桐木精心加工，制作了琴身，用五根精制的蚕丝做了琴弦，并按照"宫、商、角、徵、羽"定下琴的五音。而邢天又根据五音"作扶犁之乐，制丰年之咏"。于是，在恬静的中原大地上，伴随着劳动号子和硬涩的歌喉，带着桐木的清香，诞生了原始的音乐。

炎帝神农是被历史赋予了多种身份的精神与文明的寄托，身份的不同促使神农文化的表现形式也不同。如同神农氏被赋予了"农耕文化""工业文化""火文化""医药文化""市场文化""音乐文化"的文化内涵，但无论是哪一种文化，都是华夏精神文明之瑰宝。

二、神农文化是中华文化的根源

文化是国家和民族的灵魂，集中体现了国家和民族的品格。炎帝神农氏是中华民族的始祖，他创造的神农文化是中华文化的根源，是民族优秀文化之集大成者。经过言传身教以及后世的文字记载，特别是经过历代提炼、重铸，贯穿于中华民族绵延发展的整个历史过程之中，其深远影响一直延续至今。通过对有关文献总结表明，神农文化精髓主要包括炎帝神农氏首创农耕文化的实践，孕育了中华民族开拓创新的精神；炎帝神农历经磨难的实绩，激励了中华民族自强不息的精神；炎帝神农利民思想的升华，形成了中华民族为民奉献精神；炎帝神农子孙的血脉认同，铸就了中华民族的爱国主义精神。这些精神数千年来生生不息，薪火相传，为中华民族和中华文明的壮大做出了难以估量的贡献，更对继承优秀传统文化，弘扬时代精神，团结海外炎黄子孙，全面建成小康社会有着重大的意义。

（一）中华民族的开拓创新精神

始祖炎帝神农是劳动创造世界、改造自然的开拓者。据《易·系辞下传》记载："庖牺氏没，神农氏作，斫木为耜，揉木为耒，耒耜之利，以教天下，盖取诸益。"炎帝神农创造的耒耜，是上古时翻土的农具。据《风俗演义》称："神农悉地力种谷疏"。"谷"即稻谷，"疏"通"蔬"，即蔬菜，由此中国有了原始农业。由于我国农耕始于炎帝神农氏，故神农氏又有"田祖""先啬""先农"等名。据《史记》记载，"神农……以赭鞭鞭草木，始尝百草"，发明了医药；"神农耕而作陶"，（《周书》）发明了制陶业；神农"冶斤斧，为耒耜锄耨"，（《资治通鉴外纪》）发明了原始冶铜业；神农"教之麻桑，以为布帛"，（《路史》）发明了原始纺织业。此外，炎帝神农氏还发明了原始建筑业、原始天文历法等。特别值得一提的是，他首创原始商业，史料记载：炎帝神农氏"日中为市，致天下之民，聚天下之货，交易而退，各得其所"。"日中为市"的集市贸易场所，对推动初期农业社会的发展起到了重大作用。炎黄子孙，不忘始祖。炎帝种谷、制陶、纺织、建原始住宅，从而改善了先民的衣、食、住等生存条件；他创造农耕、发明医药、首辟市场，促进了社会发展。据有关学者对古籍文献记载做的不完全统计，炎帝神农时代的发明创造有 34 种之多。正是这些发明创造，使我们的先祖从野蛮过渡到原始农耕文化。炎黄子孙继承这种精神，几千年来，涌现出许多具有开拓创新精神的政治家、军事家、科学家、文学家。英国学者李约瑟指出：中国"在公元三世纪到十三世纪之间保持一个西方所望尘莫及的科学知识水平"。我国的造纸术、指南针、火药、印刷术四大发明，在世界历史上写下了光辉的篇章。还有天文学、数学、医药学、冶炼铸铁、纺织机械等也是走在当时世界的前列。中华民族是一个有着强烈开拓精神的民族，勇于进取、敢于创新是中华民族的民族传统和优良作风，各个时代的优秀分子尤为集中和鲜明地体现出来。

（二）中华民族的自强不息精神

"自强不息"最早见于《周易》。"天行健，君子以自强不息。"说的是天体之行，昼夜不息，周而复始，从不懈怠。人也要像天那样，生生不息，刚健有为，不断进取。这些文字概括在后，这种精神则始于炎帝神农及以其为代表的先民。远古之时，混沌初开，生产力极为低下，为开辟人类生存所需求的环境，炎帝神农氏率领先民勇敢向大自然做斗争。吃野果多疾病，就努力探索，制末耜种五谷；打野兽危险，就克服困难，驯养牲畜；为了身体健康，就不畏艰险，采集草药；为避风寒，几经试验，兴建原始住宅等等，历经千辛万苦，终于告别茹毛饮血的时代。这种百折不挠、自强不息的精神，贯穿于中华民族数千年历史之中。中国经历了内忧外患，坎坷曲折，终究自立于世界民族之林，一个重要原因就是这种精神激励了一代又一代仁人志士奋发向上，坚持与恶劣的自然环境，与邪恶势力做不懈的斗争。

（三）中华民族的为民奉献精神

炎帝神农氏"教民播种五谷""身亲耕，妻新织"，胼手胝足艰苦劳作。为解民于疾病，他以身试药，尝遍百草。据《淮南子·修务训》记载："古者民茹草饮水，采树木之实，食赢蛖之肉，时多疾病毒伤之害。于是神农始教民播种五谷，相土地宜燥湿肥饶高下，尝百草之滋味，水泉之甘苦，令民知所避就。当此之时，一日而遇七十毒。"上述记载说明炎帝神农为了让人民免除"疾病毒伤之害"想尽了办法，踏山越岭，尝遍百草，最后终因误吃断肠草中毒而亡，为族民献出了生命。族民把他安葬在长沙茶乡之尾（今湖南省株洲市炎陵县鹿原坡）。在《越绝书》中，作者颂扬炎帝神农"不贪天下之财，而天下共富之；不以其智能自贵于人，而天下共尊之"。炎帝神农这种原始的为民奉献思想，后人有了发展，从周公的保民，孔子的爱民，孟子的民贵君轻，陆贾的"民无不为本"到范仲淹的"先天下之忧而忧，后天下之乐而乐"，都是富于哲理的古训。

（四）中华民族的爱国主义精神

大一统的思想在中国有悠久的历史和深厚的文化底蕴。中国古代大一统的观念出现颇早。据古籍记载，在原始社会走向解体的三皇五帝时代，中华民族的始祖炎帝神农氏就提出了"万国和"的主张。"万国和"即天下各国统一于德者、道者、仁者，实现天下大同。这种"万国和"的思想为后来的大一统思想打下了基础。大一统历史的形成，经历了血缘认同、政治认同与文化认同这一由浅入深的发展过程。炎帝神农和黄帝在这一历史进程中，起有血缘纽带、政治纽带和文化纽带的巨大作用。千百年来，我国各族人民均向往和维护国家的统一局面。中华民族历经战乱和变迁，每每能排除干扰，凝结为一个整体，其中一个主要原因就是中华民族有巨大的向心力和凝聚力。从文化传统上讲，炎黄子孙的血脉认同和大一统思想，是形成中华民族的向心力和凝聚力的重要因素，是铸就中华民族爱国主义精神的重要基础。

三、神农文化是中华文化的灵魂

（一）碎片化时代我们究竟失去了什么?

碎片化，碎的是时间，是信息，是知识，是认识，更是我们自身。身处于碎片化时代的我们，每天收取到大量的信息。每一次我们对信息做出的选择，都会被记录下来。逐渐地，应用程序运用大数据技术开始向我们推荐自己喜欢的信息，我们的认知开始变得越来越狭隘。到最后，我们甚至连需要超过一分钟的信息都不想查看，开始追求那种即时的快感。

在如今的信息时代，人们通过每天应用程序的推送，将知识与自己对信息的理解停留于表面，淡化了自己的分析与理解，人们会开始肤浅地认为某些信息是正确的，认同那些看上去很有道理的道理，渐渐地思维开始变得片面化，逐渐降低了自己独立思考的能力。

碎片化的信息大量涌来，越来越多的人把快速的碎片化的信息作为唯一的知识来源，不知全貌，便于置评。碎片化信息无法提供让人们能够学习的提升思维逻辑的能力，会让人们在繁杂的消息当中迷失自己。

碎片化的社会，碎片化的阅读，只粗浅地了解事实，并不了解事实背后的原理和逻辑，久而久之，我们的思维就会变得狭隘，逐渐地也失去了深度思考的能力，并对自己的认知产生错觉。

现代社会是经济社会发展得到巨大发展的社会，但是又是问题频发的社会，人们常常拷问社会为何会出现道德滑坡的情形，近年来频发的一些事件，如"李天一事件""药家鑫案件"都在让我们深刻地反思。这是一个传统的道德观念被碎片化和功利化的价值观所替代，人们活在虚无主义和无意义状态中的社会。人们原有的确定的、固有的目标已经不在了，现代人生活的根基也被无限的商品化和消费社会代替了，人们的心灵失去了精神家园，心理世界也存在于漂泊和分裂之中。

（二）信仰缺失的年代，如何找回生活的信仰？

人民论坛问卷调查中心进行了一项问卷调查，超八成受调查者认为，当前社会处于亚健康状态，"信仰缺失""看客心态""社会焦虑症"位列当今社会病态前三项。信仰的缺失，造成当今社会许多问题，如道德缺失、信任缺失、人性扭曲、破坏社会稳定。

信仰是万事之基，是万念之源，是万物之本。综观中国历史，信仰一直维系着人们的生存，而且处在不断的发展和变化之中。由开始的对某种具体物质的信仰，到对假想存在的神的信仰，再到后来对某种思想的信仰，是一个进步的过程。

信仰是社会的核心力量，是国家的精神支柱，而信仰缺失占据当今社会病态首位，恰恰折射出公众对信仰缺失的警醒，更折射出公众对信仰回归的强烈愿望。这是公众的民族情怀，是公众的爱国情操，也是我们中华民族的一种强烈的民族凝聚力所在。公众呼吁信仰回归本身，就是一种精神凝聚力。

中华民族从来就是一个有信仰的民族，现在，最需要做的就是让我们的信仰回归。因为拥有信仰的人会十分明确自己的人生方向和价值追求，也使得他们无论面临任何挫折和困境，都会百折不挠，不言放弃信仰确立了个体的人生意义和价值标准，也成为个体毅然前行的巨大动力。个人和国家都要有自己的信仰，只有拥有信仰，才会有支撑自身的力量。

当一个社会和国家过度发展的同时，如果没有强化人们在精神层面对于信仰的追求，那么在这个充满挑战和激烈的社会竞争中，就很容易迷失自我。所以，在当今这个时代，信仰的树立，以及对正确信仰价值观的判定与理解是尤为重要的。

（三）神农文化，重塑中国人的灵魂，
重构中国人的信仰和价值观

炎帝神农是中华民族之祖、农业之祖、医药之祖、商贸之祖、音乐之祖等，对中华文明有不可磨灭的巨大贡献。炎帝神农文化对中华文化的发轫、孕育及其发展具有深刻的影响，它不仅奠定了中华文化的基础，而且指引着中华文化的发展趋向。

炎帝神农文化博大精深，蕴含着社会主义核心价值观和中国精神。《越绝书》中说："昔者神农之治天下，务利之已矣，不望其报；不贪天下之财，而天下共富之；不以其智能自贵于人，而天下共尊之。"

炎帝神农文化是传承几千年的中华民族文化之源，是凝聚全世界炎黄子孙的民族之魂，更是激励华夏儿女不屈不挠、顽强拼搏、创新奉献的精神支柱和骄傲的资本，也是当下中国人做人做事的典范，是重塑中国人信仰和价值观的根。这些精神正是中华民族自尊、自立、自信、自强精神的活水源头。在当下，大力传承、继承、弘扬中华民族集大成的神农文化，这是增强国人幸福感和提高幸福指数的迫切所需，这是全面深化改革的伟大时代所需，这是建设美丽中国的伟大责任所需，这是实现中国梦的伟大使命所需。

四、神农文化对中华民族发展的影响

　　神农文化是中华文化的根脉基因，是中华民族精神的源头活水。中华民族之所以生生不息，中华文明之所以绵延不绝，发端于远古时代的炎黄文化居功至伟。"炎黄子孙"是国内外华人引以为荣的自我称谓，是海外华人华侨接受度很高、流传极广的中华儿女代称。"炎黄子孙"一词，有着浓浓的寻根情结，我们从哪里来？我们的根在哪里？我们都是炎黄子孙、中华儿女，我们是血脉相连的，有着相同的生活追求和精神追求，这些共同点使得我们紧紧地团结在一起，并且坚定地屹立于世界的东方。中国人对于祖先有着特别深厚的感情，"炎黄子孙"一词，是几千年的历史发展逐渐形成的，使用这个词也成了一个历史传统，使人一听就闻之肃然，有一种神圣的感觉。

　　5000多年前，两位氏族部落的领袖，黄帝与炎帝大战于阪泉，黄帝战胜了炎帝，后来黄帝又调集各部落，与另一部落领袖蚩尤大战于涿鹿并战胜了蚩尤，黄帝部落、炎帝部落和九黎部落的一部分就在黄河和长江流域定居下来，从此繁衍其子孙，炎黄二帝被尊为中华民族的始祖。后来华夏族又与东方的夷族、南方的三苗族的一部分逐渐融合，形成春秋时期的华族，汉朝以后成为汉族，形成了华夏民族联盟部落。他们世世代代繁衍生息，成为中华民族的主干。以后，这些原来不同部落的居民都认为自己是炎帝和黄帝的后代，称为"炎黄子孙"，也有人称"炎黄裔胄"，裔胄就是远代子孙的意思。我们现在称"中国人"是"炎黄子孙"，就是从这里来的。

几千年来，神农文化不断得到丰富和发展。同时中华民族的凝聚力也在炎帝、黄帝以后几千年的历史发展中持续增强。三代时的夏商周三族都把本族的族源追溯到炎黄，为华夏各族相互认同提供了历史依据。春秋时的"华夷之辩"包含有以文明程度划分华、夷的思想，固然有偏颇之处，但毕竟为中华民族凝聚范围的扩大提供了理论依据。秦汉以后多世多个王朝，无不是通过不同方式将自己与炎帝、黄帝联系起来。近代的辛亥革命时期和抗日战争时期，黄帝、炎帝成为中国人民团结一致反对封建主义、反对帝国主义、反对官僚资本主义、救亡图存的旗帜。如今，香港、澳门回归祖国怀抱。谒陵祭祖，慎终追远，海内外中华儿女都期盼着实现中华民族的伟大复兴。

（一）神农文化的发轫与中华民族的起源

广义的炎黄时代是指距今 1 万年左右耜耕农业初兴到距今 4000 年左右夏朝建立以前，狭义的炎黄时代是指距今 5000 年左右炎黄两大部族结盟的时代。炎黄时代是中华文明初创的时代，也是中华民族起源的时代。据先秦及秦汉典籍记载，炎帝神农是中国农耕文明的开创者，其发明创造主要表现在培育粟谷、制作耒耜、耕而作陶、发明医药、日中为市等方面，创立早期国家，奠定了中国农业文明的基础。至今在陕西宝鸡、湖北随州、湖南炎陵、山西高平等地，还流传着炎帝神农氏发明粟谷、耒耜、医药的故事。

炎黄二族发祥于陕西西部和北部，阪泉之战后，炎黄结盟，逐渐向东扩展，先与东方的东夷族群交战并融合，后与两湖一带的苗蛮族群发生冲突与交流，炎黄族群"合符釜山""监于万国"，以炎黄二族为核心慢慢凝聚形成华夏族的雏形，这就是后来的——中华民族，就是在炎黄时代孕育而出。如果说中华文明源远流长、中华民族根深叶茂的话，那么，炎黄时代就是中华文明之源、中华民族之根。

夏商周三朝在统治期间各部族陆续融入以炎黄为核心的华夏族，在炎黄所开创的大部落联盟的基础上迅速发展，经过不断地融合与发展，已初步将多种来源地祖先聚合成以炎黄为始祖的大系统。西周时期，已经形成了以"华夏"为称号的共同体。春秋战国时期，各诸侯均与炎黄存在着血缘上或文化上的关系。《史记·秦本纪》曰："秦之先，帝颛顼之苗裔。"《史记·楚世家》曰："楚之先祖出自帝颛顼高阳。"屈原在《离骚》中自称："帝高阳之苗裔兮。"齐国始封君姜太公是炎帝之后，取代姜齐的田齐则宣称是黄帝后裔。春秋战国时期，秦国是中国西部地区各族群的融合中心，楚国是中国南方各族群的融合中心，齐国是黄河下游地区各族群的融合中心。春秋战国是炎黄二帝成为华夏共祖的关键时期，是各族群融合、中华民族孕育的第一个高潮期。

（二）炎黄文化的传承流变与中华民族的自在发展

秦始皇统一六国后，推行"车同轨、书同文、行同伦"的政策，极大地加强了中国各地及各族之间的联系，以农耕生产为特色的经济一统，以中央集权、皇帝制为标志的政治一统，以儒家思想为核心的文化一统，秦统一中国的过程，实际上也是中国各族群不断交流融合的过程。崇尚、追求一统是中国文化的核心特质。汉高祖刘邦起兵时"祠黄帝"，并且编造了赤帝子斩白帝子的故事，炎帝成为感生帝。司马迁从炎黄帝开始叙事，梳理华夏统绪，整合华夏历史，认定炎黄为各族共祖，真正确立了炎黄帝人文初祖和华夏始祖的地位，这不是为了功利的目的制造出来的，而是在漫长的历史进程中通过文化的交流和民族的融合而自然形成的，并且得到广大民众的认可，对于中国人认同炎黄文化发挥了至关重要的作用。

石勒、苻坚、赫连勃勃等匈奴族、氐族贵族竞相表达对炎黄的尊崇，鲜卑族贵族更以炎黄帝子孙自居。魏晋南北朝是大分裂时期，同时也是中国历史上民族融合的第二个高潮期，而且是更高层次上的融合。隋唐是胡汉杂糅、多民族联合执政的王朝。魏晋南北朝及隋唐墓志中不乏祖述炎黄者，甚至有斛斯人自称是炎黄之后，各族各姓争相溯源至炎黄，反映出炎黄文化强大的吸引力和中华民族强大的凝聚力。

宋代，炎帝被尊为感生帝，唐诗宋词中咏颂炎黄的比比皆是。宋代及其以后的蒙学读物，成为传播炎黄文化的重要载体。契丹统治者自称是炎帝后裔。元代礼先农，建先农坛，始祭神农。辽宋夏金元是汉族、契丹、女真、党项、蒙古诸族大碰撞、大交流、大融合的时期，是中国民族融合的第三次高潮。

明代除了短祚的建文帝外，其余诸帝皆派遣官员祭祀过炎帝陵、黄帝陵。清代除末代皇帝溥仪外，皆遣官致祭过炎帝陵、黄帝陵，次数远胜前朝。清代从顺治初年起庙祭历代帝王，雍正十三年始祭先农神炎帝、先蚕神黄帝。炎黄文化与中华民族凝聚力是炎帝神农氏祭祀的重要组成部分。

（三）炎黄文化的勃兴与中华民族的自觉

鸦片战争后，中国面临"数千年来未有之变局"。当局者一方面"师夷长技以制夷"，向西方学习，富国强兵，另一方面利用传统文化，塑造国魂，抵御欧化，在这样一种背景下，炎黄文化成为中华民族的象征和摆脱民族危机的旗帜。革命派大量使用"黄帝子孙""炎黄子孙"的称谓，尊崇炎黄为汉族始祖。1912 年 1 月"中华民国"南京临时政府成立时，宣布实行汉、满、蒙、回、藏五族共和政体后，在《对外宣言》上首次明确使用了"中华民族"的称谓，说明"中华民国"代表当时中国民族的团结和祖国的统一，也标志着长期以来中华民族由自在地统一向自觉的民族统一体过渡的完成，从而完成了对炎黄文化的重构。

中国几千年的封建社会的发展，尽管长期存在着炎黄崇拜的心理，但中华民族的理性概念始终没有明确形成。汉族居于主体民族地位的历史已有数千年，但真正形成"中华民族"的这一族称，还要归功于近代的资产阶级革命。在近代的思想解放过程中，中华民族观念逐渐形成并深入人心。在古代，"中华"本为汉族自称。"中华"一词出现的时间很早，源自中国古代华夏民族起源于中部地区，居四方之中，文化、科技发达,历史悠久,因此称该地为中华,后来又被称为中原或中国。在《资治通鉴》记载唐太宗说:"自古皆贵中华贱夷狄,朕独爱之如一,故其种落皆朕如父母。"中华民族作为一个政治概念及国族概念,最早由梁启超提出,成为中国近代民族主义及建立国族的重要概念。"中华民族"是一个在近代出现的、相对于外国民族而言的概念。如近代学者梁启超所言:"凡遇一他族而立刻有'我中国人也'之一观念浮现于脑际者,此人即中华民族一员也。"可以看出,中华民族实体则是远在"中华民族"这个族称出现以前数千年就形成了。

抗日战争时期,中共中央曾致中国国民党三中全会电指出:"我辈同为黄帝子孙,同为中华民族儿女,国难当前,惟有抛弃一切成见,亲密合作,共同奔赴中华民族最后解放之伟大前程。"从此,自鸦片战争以来逐渐开始觉醒的民族意识得到前所未有的张扬,一个真正自觉的中华民族开始屹立于世界东方。此时,起源于炎黄时代,形成于夏商周秦汉,发展于魏晋以降至清末,勃兴于辛亥革命,重构于民国初年的炎黄文化,成为号召与激励海内外华人共同抗战的旗帜。

(四)炎黄文化的重构与中华民族的复兴

炎黄文化的复兴,是拨乱反正、重新重视传统文化的产物,是以民族团结和经济建设的结果,是全面发展对外关系、广泛团结海外华人、和平统一祖国的需要，对于弘扬中华文化，激励爱国热情，增强民族凝聚力，促进祖国和平统一大业，都将产生不可估量的作用和影响。

中华民族是多元一体的，中国各民族共同书写了中华民族的历史，创造了中华民族的文化，缔造了中华民族的辉煌，承受了中华民族的苦难，憧憬着中华民族的复兴。中华民族是一个命运共同体，其中包含的各民族相互交融，你中有我，我中有你，难以分离。炎黄文化是早期中国各氏族共同创造的，中华文化是中华各民族共同创造的，我们必须有"大炎黄"的观念与意识，必须有"大中华"的气度与胸怀。对中国各民族成员来讲，在中华民族多元一体格局形成与发展的过程中，已经逐渐形成了一些共同的文化记忆和基因，炎黄文化就是中华民族的共同记忆和文化基因。

炎黄文化既是传统的，也是现实的，其求富求强、自强不息的进取精神，为民谋利、为民造福的民生取向，凝聚统一、和谐团结的爱国精神，符合民族精神和时代精神，理应成为社会主义核心价值观的宝贵资源。当代炎黄文化的复兴，首先得益于国家重视。面对改革开放的新形势，需要充分利用炎黄文化来激发国人的民族精神，增强中华民族的凝聚力。其次是地方重视。各地都希望借助炎黄文化来提升本地的文化品位和知名度，促进旅游业发展。再次是民众重视。中国人素有"慎终追远""法祖敬宗"的传统，祭祀炎黄是广大海内外华人"文化寻根"的需要。最后是学界重视。因为炎黄文化与中国文明的起源、中华民族的形成、发展及复兴息息相关。炎黄文化是中华文化之根，是中华民族之魂。普及和弘扬炎黄文化，是促进中华文化自觉的需要，是增强中华民族认同的需要，更是实现中华民族伟大复兴的需要。

五、神农文化的当代价值

我国正处于实现中华民族伟大复兴关键时期，当今世界正处在经济全球化、社会信息化、文化多样化时期，也正经历百年未有之大变局，各国之间的联系从未如此紧密，人类正共同面对恐怖主义、贫富分化、环境污染等诸多全球性问题，解决这些问题需要世界人民共同协作。以神农文化为代表的中国传统优秀文化一直有着非凡的文化气度和文化责任，特别是"为天地立心，为生民立命，为万世开太平"，充分体现了往圣先贤的思想抱负。中国文化从来就是立足当下、促进发展、面向未来、推进人类进步的负有历史责任感的文化。蕴含着解决当代人类面临问题的重要启示，中华文明对世界文明和人类未来发展的积极贡献，秉承共商共建共享的全球治理观，愿为解决世界当下矛盾冲突和发展道路、未来前景提供中国方案与中国智慧。

坚定文化自信应对百年未有之大变局，就是要坚持以马克思主义为指导，推动中华优秀传统文化创造性转化、创新性发展，继承革命文化，发展社会主义先进文化，不忘本来、吸收外来、面向未来，更好构筑中国精神、中国价值、中国力量。深入挖掘中华优秀传统文化蕴含的思想观念、人文精神、道德规范，结合时代要求继承创新，让中华文化展现出永久魅力和时代风采；促进革命文化传承创新，为实现民族复兴提供强大精神动力和文化支撑；牢牢把握社会主义先进文化前进方向，坚持为人民服务、为社会主义服务，激发全民族文化创造活力。

炎帝神农文化对全球炎黄子孙来说，具有强大的凝聚力。在始祖文化的号召下，可以把世界各地的中华儿女的一切财力、物力和聪明才智都集中起来，为祖国的繁荣富强、再创辉煌做出贡献。中华民族的伟大复兴是炎黄子孙共同的事业，不论在国内还是海外，无论所处政治地位和经济地位如何不同，无论政治信仰如何不同，价值取向如何不同，利益动机如何不同，都有一种共同的心愿，那就是对中华民族的繁荣昌盛的热切期盼，这就是炎黄子孙共同的期盼。

我们要实现中华民族的伟大复兴，需要建立一个稳定的社会环境，这来自国内外各方面的协调团结。新世纪新阶段统一战线具有空前的广泛性、巨大的包容性、鲜明的多样性和显著的社会性。传承炎帝神农文化，弘扬炎帝神农文化精神是团结各民族的思想基础，是凝聚各族人民的精神纽带。近年来，海外炎黄子孙怀着强烈的思乡之情，回来观光祭祖，

以各种形式支援祖国的现代化建设。党外知识分子、非公有
制经济人士、民族宗教人士和其他新的社会阶层人士这些统
一战线成员，成为社会发展的宝贵资源。构建富强民主、文
明和谐美丽的社会主义现代化强国，需要社会各界更好地团
结起来，共同促进社会和谐，推动社会发展，实现国家的兴旺
发达和长治久安。

弘扬神农的创造精神，有利于我们更好地贯彻创新驱动
的战略，在新时代更好地创造、创新、创业；

弘扬神农的奋斗精神，有利于我们在新时代更好地进行
伟大斗争，夺取新时代伟大斗争的新胜利；

弘扬神农的利民精神，有利于我们更好地坚持以人民为
中心的思想，更好地发展经济，改善民生，实现人民对美好生
活的向往；

弘扬神农的仁爱精神，有利于我们在新时代更好地践行
社会主义核心价值观，加强全社会的思想道德建设，提高全
社会的文明程度；

弘扬神农的奉献精神，有利于我们在新时代树立为国家
做贡献、为人民做服务的良好风气；

弘扬神农的团结精神，有利于我们在新时代繁重的任务
和神圣的使命面前，更好地加强全党的团结、全民族的团结，
更好地实现全民族的统一和平，推进世界的和平安宁。

站在新的历史起点上，面对越来越复杂的全球性问题，面对百年未有之大变局，我们要坚定文化自信，我们要以中国传统优秀文化为根基，秉持"海纳百川"的包容心态、"和而不同"的共处原则，尊重他国文明，增强世界文化之间的交流互鉴，吸收世界文明的先进成果，在维护文明多样性的基础上推动交流互鉴。

自古以来，中华民族的血脉中流动着"和"的基因，始终崇尚和平、和睦、和谐，强调"和而不同""以和为贵"，中国的历史和现实证明中国历来尊重他国文化，主张平等交流、互相借鉴。中华民族反对暴力与战争，我们坚持走和平发展道路，是对几千年来中华民族热爱和平的文化传统的继承和发扬。经济全球化背景下，各国存在共同利益，中国传统文化倡导"博施众利""正其义不谋其利"，秉持正确义利观，主张互利共赢，坚持将国家利益与国际利益统一；西汉时期中国曾开辟了连接中亚、西亚、地中海各国的"丝绸之路"，开展经济交往、促进文化交流，新时代我们提出了"一带一路"倡议，积极发展与沿线各国经济合作、文化交流，带动沿线经济发展，为发展中国家提供了一条走向现代文明的发展轨迹，为全球治理提供中国方案。"亲仁善邻，国之宝也""救灾恤邻，道也"。中国传统文化素来重视邻里间的守望相助、和睦共处，传统的睦邻观念上升到政治治理角度，为地区和平安全发展提供中国经验。中国传统文化蕴涵丰富的生态保护思想,"亲亲而仁民,仁民而爱物""民吾同胞,物吾与也"等主张人与万物平等,构建一种和谐共生的关系,为解决全球环境问题提供价值参考。

首先,中华文化所蕴含的自然人文精神,为当今世界人民解决自然问题提供了智慧。当今人类正在遭受干旱加剧、气候变暖等自然恶化问题的困扰,而中华优秀传统文化包含了众多正确看待和成立人与自然关系的思想精髓,有助于这些问题的解决。

其次,中华文化主张的国家交往艺术是构筑和平稳定的世界秩序的文化基石。中华传统友好往来文化对于解决当前世界一体化进程中面临的单边主义、保护主义、零和思维等问题具有重要意义。

最后,中华优秀传统文化所包含的价值目标符合世界人民对美好生活的向往。中华文化充满了以天下为己任的人文情怀和自强不息的奋斗精神,它有助于激励各国人民为建立公平合理的世界秩序而不断努力。

六、神农文化的时代意义

炎帝神农氏是中华民族的始祖之一，他在远古时代所创造的神农文化，成为 5000 年中华文明的源头活水，是华夏凝聚的精神纽带，是治国理政的政治镜鉴，是道德建设的国粹经典，是启蒙教化的国学教义，更是中华复兴的动力源泉。

（一）神农文化是中华文明的源头活水

"民以食为天"。中国社会发展在史前社会（石器时代）是以农立族；进入文明社会后是以农立国。所以农业在中国社会的发展中始终占有极其重要的地位，甚至决定性的作用。因此中国农耕文化的创立是中华文明的源头。而这种源头有二：一是以长江流域为代表的以栽培稻作物为特征的稻作文化。一是以黄河流域为代表的栽培粟作物为特征的旱粮作物文化。前者的创始者是炎帝神农部落，后者创始者是黄帝部落，炎帝神农文化和黄帝文化都是中华文明之源。但因炎帝神农时代早于黄帝时代，因此，从时序角度讲，我们可以理解神农文化是中华文明最早最原始的源泉。传说始祖炎帝神农氏在长期的实践中，进行了一系列的创造，对中华文明的形成起着决定性作用。他首创农耕制，教民稼穑，被尊称为"神农""田祖""先农"；他遍尝百草，以疗民疾，被称为"医王""药王"；他以日中为市，首次开辟市场，被尊为商贸之祖；他削桐为琴，以通天下，被尊为音乐之祖；他发明茶叶，创造"国饮"，被尊为"茶祖"。此外炎帝神农氏绩麻为布、《连山》衍易、弧矢宣威、制陶冶斧、煮海为盐、分时立节、度地经土、明堂吉礼、相土安居等等伟大功绩，都对中华文明发展起到了启蒙发端作用。

（二）神农文化是华夏凝聚的精神纽带

神农文化的形成，经历了血缘认同、政治认同和文化认同的过程，这种认同，至今仍是维系民族团结、国家统一的牢固精神纽带。千百年来，中华民族一直尊奉炎黄为共同始祖，以炎黄子孙而自豪，形成了浓厚炎黄文化底蕴的爱国主义。在敬祖爱国的口号下，一切认同炎黄始祖的爱国人士和华人都可以超越阶级、阶层、党派的信仰差别，为同一祖先的血脉相连，生发出血浓于水的民族情感，激发和增进对祖国的忠诚和热爱。我们可以把一切可以团结的力量团结起来，共同为实现民族振兴而努力。

中华文明是多元一体化的文明，炎帝神农和黄帝一直被视为中国绝大多数民族的血缘始祖，中华文明的人格象征。千百年来，我国各族人民在敬祖爱国的旗帜下，超越阶级、阶层、党派的信仰差别，反对分裂和战乱，维护国家统一，加强民族融合、交流和团结。在中国历史上，尽管有少数民族建立政权，但正如美国历史学家海斯在《世界史》中说的那样："很多世纪以来，中国就是一个相当坚固和稳定的帝国，虽然那个帝国包括了不同的种族和宗教，并且被外来的侵略和内战所干扰，但是它却是统一的，被一种渗透到各部分的共同文化团结在一起。"比如清朝尽管是满族建立的，但清朝的民族认同感却很强烈。雍正帝曾说，满族居住在黑龙江流域，就像汉族居住在黄河和长江流域一样，都是中国人，只是籍贯不同而已。又比如在中国北方活跃了数百年的鲜卑族以及后来的辽、金，均尊奉"炎黄"二帝为始祖。

在近代，帝国主义野蛮侵略中国，中华民族一度走到山河破碎、民族危亡的紧急关头。当时尽管中国积贫积弱，但在民族大义的感召下，中华民族团结一致，同舟共济，共同抵御外侮，维护国家和民族统一。国共两党带领各族人民共同抵御日寇的侵略最为典型地体现了这一点。

今天，所有的炎黄子孙，尽管分布天涯海角，尽管信仰有别，但始终有一个认同和一种共同的情感：自己是华夏民族的后裔，是"炎黄子孙"，并把中华文明称之为"炎黄文化"，同时真诚地希望中华文明能够永久地屹立于世界文明之林，大放异彩；他们都有着一种共同的情感：同一位祖先，血浓于水；共一个中华，情重于山。大力弘扬包括神农文化在内的"炎黄文化"可以最广泛地把海内外炎黄子孙联系、团结起来，促进和推动中华民族的昌盛和人类文明的发展。

当今世界，正处在多极政治力量并存阶段，维护民族团结、祖国统一是时代的强音。中华民族若想免遭国家分裂、民族崩离的苦难，走上富民强国之路，就必须以民族大义为重，妥善处理民族关系。现阶段，顺应时代要求，大力弘扬炎黄文化，进一步发挥炎黄文化的精神纽带作用，加强海峡两岸相互了解和交流，对于增进民族团结，反对"台独"分裂，早日实现祖国和平统一大业具有重要的现实意义。

（三）神农文化是治国理政的政治镜鉴

炎帝神农时代是传说中的"大同"世界。《礼记·礼运》篇中对这种社会作了这样的描述："大道之行也，天下为公。选贤与能，讲信修睦，故人不独亲其亲，不独子其子，使老有所终，壮有所用，幼有所长，鳏寡孤独残疾者皆有所养。男有分，女有归，货恶其弃于地也，不必藏于己，力恶其不出于身也，不必为己。是故谋闭而不兴，盗窃而乱贼而不作，故外户不闭，是谓大同。"

炎帝神农时代的"大同"社会，备受后人的推崇。《淮南子·主术训》说："昔神农之治天下也，神不驰于胸中，智不生于四域，怀其仁诚之心，甘雨时降，五谷蕃殖，春生夏长，秋收冬藏，月不时考，岁终献功，以时会谷，祀子明堂。"《新语·无为》说："民畏其威而从其化，怀其德而归其境，美其治而不敢违其政，民不罚而畏罪，不赏而欢悦。"《尸子》亦记载帝尧说"朕之比神农，犹旦之与昏也。"追求"大同"理想，成为中国历史上一个具有进步意义的思想传统，不仅是为孔子以后儒家学者所追求的最高社会理想和人生境界，而且是一些仁人志士为实现人类社会的进步而献身的一种思想动力。从晋代文学家陶渊明在世外桃花源中寄托了的社会理想，到近代革命家孙中山以"天下为公"的社会理想，再到我们正努力构建和谐社会，都与炎帝神农氏的大同世界一脉相承，同出一辙。构建和谐社会是我们共同的社会理想。虽然炎帝神农氏所处的朴素的和谐社会是我们今天所要构建的和谐社会的雏形，但炎帝神农文化中丰富的和谐思想，更能加强我们今天建设和谐社会的决心和信心。对促进和谐社会建设具有重要的借鉴意义。

（四）神农文化是道德建设的国粹经典

炎帝神农氏是一位德高望重的古代先贤圣君，道德高尚，以德治天下，史书称他"有圣德"，德厚如神。在一定意义上，堪称中华5000年文明礼仪之邦的始祖。《史记·天官书》云："赤帝行德，天牢为之空。"《吕氏春秋》载："为天下及国，莫如以德，莫如行义，以德以义，不赏而民勤，不罚而邪正，此神农皇帝之政也。"《越绝书》云："神农不贪天下而天下共富之，不以其智自贵于人，而天下共尊之。"《淮南子》云："神农之治天下也……，养民以公，其民端悫，不忿争才财足。""因天地之贡资而与之和同，是故威厉不用，法省而不烦。"因此在炎帝神农氏的管辖范围内，"南到交趾，北至幽燕，东至阳谷，西至三危，莫不听从。"

神农文化蕴含了许多优良传统美德，是当今社会不可缺少的道德文化底蕴。如"自省修德"表明了炎帝神农氏十分注意自省，当遇到问题时，首先想到的是自己的道德是否足以服众。又如"以身行德"。炎帝神农氏是以身行德的典范。他"不贪天下之财""不以其智能自贵于人"，不以首领帝王之位而安享福禄。他始终以民众利益为重，不畏艰险，身体力行，致力于制作生产工具，发展农业，发展医药等等，终因为民治病而崩，终生奉献。他的身上蕴含着"身体力行，民众第一，鞠躬尽瘁，死而后已"的高尚道德。

（五）神农文化是启蒙教化的国学教义

《汉书·食货志》记载：神农时"食足货通，然后国实民富而教化成。"《淮南子》云：神农"教化如神"。以上记载表明炎帝神农氏为了延续人类的生存，把生产实践中积累的丰富经验和社会生活经验传给下一代，于是开创了原始社会的教育，并留下宝贵的教育思想和教育素材。

他以培养高素质的劳动者为教育目的。《尸子》记载："有虞氏身有南亩，妻有桑田。神农氏并耕而王，所以劝耕也。"为解决物质生活问题，最迫切的教育任务是把制造和使用生产工具以及生活经验传授给后代，把每一个成员培养成生产劳动者。通过炎帝神农氏的辛勤劳动，使教育更好地为农耕经济服务，从而促进经济发展。

他坚持身体力行，以身示范的教育方法。炎帝神农时期没有学校，因此教育活动主要是在生产劳动的实践中以言传身教的形式进行。《吕氏春秋·爱类》记载：神农之教曰："士有当年而不耕者，则天下或受其饥也；女有当年而不绩者，则天下或受其寒矣。"故身亲耕，妻亲绩。古书还说他"夫负妻戴，以治天下"。神农这种教风，后来成为农家一派的学风。如战国时的许行就在于踏实地奉行神农之教。

他重视德育，培养良好的社会道德。《越绝书》称："昔者神农之治天下，务利之已矣，不望其报，不贪天下之财，而天下共之，不以其智能自贵于人，而天下共尊之。"从以上记载可以看出，原始氏族的集体经济，形成了原始人大公无私的集体主义思想品德，炎帝神农氏经常以此教育人民，并且以身作则。《淮南子》记载他"尝百草之滋味，水泉之甘苦，令民知所辟就，一日而遇七十毒"。

他坚持素质教育，促进人的全面发展。《刘子新论》称："神农弦木为弧，剡木为矢，弧矢之利，以威天下。"《世本·作篇》记载："神农作琴。神农氏琴长三尺六寸六分。上有五弦，曰宫、商、角、徵、羽"。《周书》称："神农耕而作陶"。炎帝神农氏命郴天作乐曲名《扶犁》，作诗歌名《丰年》，并教导人民跳舞。以上记载表明炎帝神农时期有很好的体育、音乐、舞蹈、绘画教育，不但促进了当时的生产，同时也丰富了人民的文化生活，繁荣了文化艺术。据资料表明，新石器时代仰韶文化遗址出土的彩陶，陶器上的图画色彩鲜明，形态生动，具有写实的风格，艺术价值很高。

神农文化包含丰富的教育素材。神农文化博大精深，包含着丰富的远古生产生活知识、考古、民俗、历史资料、神话传说和伟大的神农精神，是非常好的教育素材。毛泽东同志对神农文化的教育作用十分重视，他称赞"夸父逐日"是最好的神话，并在著作中引用了"愚公移山"的故事。

（六）神农文化是中华复兴的动力源泉

民族精神是一个民族在长期共同生活和实践中形成的思想观念、价值取向与信仰、性格及心理的总和，是这个民族得以生生不息地繁衍和发展的活的灵魂与根本动力。炎帝神农氏及其原始氏族先民在长期的生产生活实践中，创造了丰富的物质财富和精神财富，凝聚和铸就了伟大的神农精神。伟大的神农精神是神农文化的重要内容，同时是中华民族精神的母体和发轫，是中华民族精神的重要组成部分。神农精神主要包括以下几个方面：

百折不挠的创新精神。炎帝神农氏是中华文明历史上最早勇于探索、开拓创新的典范。他始制耒耜，教民耕种，遍尝百草，发明医药，日中为市，互通有无，弦木为弧，剡木为矢，烧陶为器，冶榭而居，削桐为琴，练丝为弦，使民宜之……他在远古的蒙昧时代，心系人民的衣、食、住、行，勇于探索。从他的功绩中我们可以感受到坚韧不拔、百折不挠的开拓进取精神。

自强不息的进取精神。《白虎通论·五行》说："炎帝者，太阳也。"《周易》的第一卦为乾，"乾"的精神用《象传》里的一句话来概括就是"天行健，君子以自强不息"。这种精神体现在炎帝神农氏的种种发明创造中，同时体现在有关炎帝神农氏的神话传说中。如"精卫填海",传说精卫是炎帝神农的女儿,因失足于海而失去生命,于是化而为鸟,衔石填海。又如"夸父逐日"。传说炎帝神农后人夸父不畏艰难,敢和太阳竞争高下,以致"道渴而死"。再如"刑天舞干戚",传说炎帝神农乐师刑天和黄帝争斗,头被砍掉了,仍"以乳为目,以脐为口,操干戚以舞"。"精卫""夸父""刑天"这些形象虽为神话虚构,却很好地表现了炎帝神农氏时代为了生存和发展,自强不息而奋斗进取的精神。

天下为公的奉献精神。炎帝神农氏时代是原始共产主义时期,炎帝神农氏作为部落首领,是真正为大家服务的"公仆"。他不顾个人安危,一心为公、为民造福而不求回报。《淮南子·齐俗训》说他"身自耕,妻亲织,以天下为先"。《淮南子·修务训》说"神农憔悴""圣人之忧劳百姓甚矣"。又说他为了祛除百姓疾病之苦,不惜牺牲生命,亲"尝百草之滋味,水泉之甘苦",曾经"一日而遇七十毒"。突出反映了他民主友爱人人平等、不谋私利、天下为公的崇高精神。

含弘光大、品物成亨的厚德精神。传说炎帝神农氏牛首人身,以牛为部落的图腾。而"牛"为《周易》第二卦"坤"卦象。坤的精神就是《象传》所说"地势坤、君子以厚德载物"。

《淮南子》记载:神农"教化如神"。"神农之治天下也……,养民以公,其民端悫,不忿争才财足。"因此"南到交趾，北至幽燕，东至阳谷，西至三危，莫不听从"。以上记载表明炎帝神农氏以其非凡的智慧和过人的能力，施教化于民，造福泽于众，最终实现了部落联盟的日臻繁荣、强大，体现他含弘光大、品物成亨的厚德精神。

第三章 继神农文化 开华夏新篇

我们的民族是伟大的民族。在上下五千多年的文明发展历程中,中华民族拥有辉煌的历史,曾站在世纪民族之巅,为人类文明进步做出了不可磨灭的贡献。但近代以后,中华民族历经磨难,陷入低谷,中华民族到了最危险的时候。自那时以来到现在,为实现中华民族伟大复兴,无数仁人志士奋起抗争,但一次又一次地失败了。1921年中国共产党成立后,团结并带领人民前仆后继、顽强奋斗,把贫穷落后的旧中国变成日益走向繁荣富强的新中国,经过70年的艰苦奋斗,现如今中华民族伟大复兴展现出前所未有的光明前景。

一、中华优秀传统文化是实现民族复兴的纽带

(一)中国梦的内涵

中华民族有着悠久灿烂的文明,曾长期居于世界文明发展的先进行列。中华民族为人类文明进步做出了不可磨灭的贡献。秦代雄风、汉唐文明、宋之风采,乃至康乾盛世,由中华民族创造的中华文明是世界上唯一几千年不断延续、传承至今的文明。古代中国曾以世界上头号富强大国"独领风骚"长达1500年之久。直到18世纪末,中国仍然是世界上最先进、

最强大的国家，仍雄踞世界经济版图，拥有首屈一指的经济规模、领先的技术水平、活跃的市场经济、繁华的城市。

自 1840 年以来，中国逐步沦为半殖民地半封建社会，时至 1949 年新中国成立，短短 109 年的时间，帝国主义用坚船利炮强加给中华民族割地赔款的不平等条约达到了 1100 多个。可谓辉煌不再，尊严难立，民不聊生，山河破碎。为图国家富强，为求民族振兴，为谋人民幸福，不屈不挠的中华民族苦苦追寻，历尽艰难。英雄的中国人民在苦难和屈辱中奋起抗争，却一次次遭受失败；英雄豪杰、仁人志士在曲折和磨难中苦苦探索，却一次次化为泡影。洋务运动"师夷长技以制夷"，一腔"兴业殖产、富国强兵"的梦想，却被西方列强猛烈的炮火击得粉碎；戊戌变法效仿日本，满腹"摆脱困境、文明开化"的抱负，却得到"六君子"血洒菜市口的结果；辛亥革命推翻帝制，一心"实现民族解放、建立共和政体"的愿望，却未改战乱频仍、山河破碎的旧貌。"四万万人齐下泪，天涯何处是神州"。

可以说，中华民族的一部近代史，就是一部中华民族的屈辱史，也是一部中华民族慷慨悲歌的抗争史。中华历经磨难而不亡，就在于这个民族精神脊梁没有垮。

实现中华民族伟大复兴，是近代以来中国人民最伟大的梦想，我们称之为"中国梦"，基本内涵是实现国家富强、民族振兴、人民幸福。实现中华民族伟大复兴的中国梦，是近代以来中华民族的夙愿。我们比历史上任何时期都更接近中华民族伟大复兴的目标，比历史上任何时期都更有信心、更有能力实现这个目标。

"中国梦"凝聚了几代中国人的夙愿，体现了中华民族和中国人民的根本利益，是每一个中华儿女的共同期盼；"中国梦"成为中国走向未来的鲜明指引，成为激励中华儿女团结奋进、开辟未来的一面精神旗帜。

（二）中国梦的实现路径

回首过往，中华民族的昨天，可以说是"雄关漫道真如铁"。近代以来，中华民族饱受欺凌，付出的代价极高。为了民族的复兴，几代人魂牵梦萦，亿万人心结难解，历经上下求索、千辛万苦，中华民族终于在中国共产党的正确领导下，掌握了自己的命运，成立了新中国，确立了社会主义制度，开始了实现中华民族伟大复兴的漫漫征程。

细看当今，中华民族的今天，可以说是"人间正道是沧桑"。改革开放以来，我们总结历史的经验，不断艰辛探索，终于找到了实现中华民族伟大复兴的正确道路，取得了举世瞩目的伟大成就，实现了从温饱不足到总体小康再向全面迈进小康的跨越。展望未来，中华民族的明天，可以说是"长风破浪会有时"。经过鸦片战争以来 170 多年的持续奋斗，中华民族伟大复兴展现出光明的前景。深藏于中国人民心中的民族梦想，终于不再是空中楼阁，而犹如地平线上跳动的朝阳，喷薄而出。这些沧桑巨变，都离不开中国梦，离不开中华儿女的奋进。

中国梦，反映了近代以来一代又一代中国人的美好夙愿，进一步揭示了中华民族的历史命运和当代中国的发展走向，指明了全党全国各族人民共同的奋斗目标，激发了中华民族凝聚力、向心力和创造力，有梦才有未来。

1. 实现中国梦必须走中国道路

这就是中国特色社会主义道路。这条道路来之不易，它是在改革开放 30 多年的伟大实践中走出来的，是在中华人民共和国成立 60 多年的持续探索中走出来的，是在对近代以来 170 多年中华民族发展历程的深刻总结中走出来的，是在对中华民族 5000 多年悠久文明的传承中走出来的，具有深厚的历史渊源和广泛的现实基础。中华民族是具有非凡创造力的民族，我们创造了伟大的中华文明，我们也能够继续拓展和走好适合中国国情的发展道路。全国各族人民一定要增强对中国特色社会主义的道路自信、理论自信、制度自信、文化自信，坚定不移沿着正确的中国道路奋勇前进。

2. 实现中国梦必须弘扬中国精神

这就是以爱国主义为核心的民族精神，以改革创新为核心的时代精神。这种精神是凝心聚力的兴国之魂、强国之魂。爱国主义始终是把中华民族坚强团结在一起的精神力量，改革创新始终是鞭策我们在改革开放中与时俱进的精神力量。全国各族人民一定要弘扬伟大的民族精神和时代精神，不断增强团结一心的精神纽带、自强不息的精神动力，永远朝气蓬勃迈向未来。

3. 实现中国梦必须凝聚中国力量

这就是中国各族人民大团结的力量。中国梦是民族的梦，也是每个中国人的梦。只要我们紧密团结，万众一心，为实现共同梦想而奋斗，实现梦想的力量就无比强大，我们每个人为实现自己梦想的努力就拥有广阔的空间。生活在我们伟大祖国和伟大时代的中国人民，共同享有人生出彩的机会，共同享有梦想成真的机会，共同享有同祖国和时代一起成长与进步的机会。有梦想，有机会，有奋斗，一切美好的东西都能够创造出来。全国各族人民一定要牢记使命，心往一处想，劲往一处使，用13亿人的智慧和力量汇集起不可战胜的磅礴力量。

中国梦归根到底是人民的梦，必须紧紧依靠人民来实现，必须不断为人民造福。

二、中华优秀传统文化是推进中华民族复兴的动力

一个国家、一个民族的强盛，总是以文化兴盛为支撑的，中华民族伟大复兴需要以中华文化发展繁荣为条件。在全面建成小康社会的第一个百年奋斗目标即将实现的历史关头，在中国日益走近世界舞台中央的时代潮头，我们应该看到，中华优秀传统文化，不仅是历史上中华民族战胜种种艰难险阻而薪火相传的伟大精神瑰宝，也是实现推进中华民族伟大复兴中国梦的不竭动力。

（一）中华优秀传统文化的当代价值

传承和弘扬中华优秀传统文化，对我们坚持发展社会主义先进文化、涵养社会主义核心价值观、在世界文化激荡中站稳脚跟都具有重要的指导意义。

1. 中华优秀传统文化是中华民族的精神命脉

文化是一个国家一个民族的精神家园，体现着一个国家

一个民族的价值取向、道德规范、思想风貌及行为特征。中华文明是四大古文明中唯一没有中断的文明，中华民族在长期生产生活实践中产生和形成的优秀传统文化，为中华民族的生息、发展和壮大提供了丰厚的精神滋养。中华优秀传统文化是中华 5000 年文明的结晶，是中华民族的独特标识。中华民族和中国人民在修齐治平、尊时守位、知常达变、开物成务、建功立业过程中逐渐形成的有别于其他民族的独特标识。

中华优秀传统文化对中华文明形成并延续发展几千年而从未中断，对形成和维护中国团结统一的政治局面，对形成和巩固中国多民族和合一体的大家庭，对形成和丰富中华民族精神，对激励中华儿女维护民族独立、反抗外来侵略，对推动中国社会发展进步、促进中国社会利益和社会关系平衡等，都发挥了十分重要的作用。也就是说，中华民族之所以是中华民族，就是因为中华优秀传统文化赋予的精神气质。

一个民族传承和发展的根本，如果丢掉了，就割断了"精神命脉"，"文明特别是思想文化是一个国家、一个民族的灵魂"。一个国家和民族如果丧失了根脉，丢掉了灵魂，就无法在世界上立足，更何谈成长与壮大。在新时代，我们要将传承和弘扬中华优秀传统文化与涵养社会主义核心价值观、建设中国特色社会主义精神文明有机统一、紧密结合，不断铸就中华文化新辉煌。

2. 中华优秀传统文化对中国特色社会主义建设具有重大意义

1921 年中国共产党成立，中华民族翻开了历史新篇章。100 年来，中国共产党矢志不渝，团结带领全国各族人民，坚持把马克思主义和中华优秀传统文化结合起来，汲取中华传统文化中的有益养分，持续推进马克思主义中国化进程，走出了一条令国人振奋、世界瞩目的中国特色社会主义道路。

纵观中国共产党成立以来的风雨历程，中华优秀传统文化一直是中华民族的力量之源、情感之源、动力之源和信心之源，它为马克思主义在中国生根发芽、茁壮成长提供了不可或缺的文化土壤，是中华民族实现伟大复兴的精神保障。在当代中国，中华优秀传统文化是治国理政的重要思想资源，能够为治国理政提供经验借鉴和智慧启示。中华优秀传统文化中蕴含着博大精深、丰富深刻的哲学思想、人文精神、道德观念等，可以为我们在新时代认识和改造世界、走向国家治理现代化和建设社会主义精神文明贡献智慧。

3. 中华优秀传统文化能够助力我们坚定文化自信

当今世界，国与国之间的较量，越来越多地体现在文化软实力的较量上，文化软实力在某种程度上已成为衡量一个国家综合国力和国际话语权、规则制定权的关键因素。在这样的形势下，要在世界上有所作为，首先要坚定并增强文化自信。文化自信来自哪里？博大精深的中华优秀传统文化就是我们最深厚的软实力，就是我们文化自信的坚实根基和突出优势。中华优秀传统文化中蕴含着"仁义""和合""和平""均等"等思想，承载着"大道之行也，天下为公"的社会理想，"天下兴亡，匹夫有责"的爱国理念，"以和为贵，和而不同"的处世哲学，"天人合一，道法自然"的生命境界，"革故鼎新，与时俱进"的改革精神，"己所不欲，勿施于人"的道德规范，"天行健，君子以自强不息"的奋进精神，"言必信，行必果"的行为规范，"正心诚意，修齐治平"的心性修养……更容易为不同国家、不同民族所理解接受。而建立在中华优秀传统文化基础上的软实力，更具长久的影响力、感染力和穿透力。事实上，中华优秀传统文化早已走向世界，越来越受到国际社会认可，中华优秀传统文化中蕴藏着解决当今国际社会共同面临的一系列难题的重要启示，值得全人类共同珍视和爱护。

4. 中华优秀传统文化有助于实现中国梦

文化具有引领风尚、教育人民、服务社会、推动发展的作用。在新的历史条件下，大力弘扬中华优秀传统文化有助于实现伟大的中国梦。

一是有助于端正社会风气、维护社会稳定、促进社会和谐。一个国家和民族的文化是规范和调节人际关系、化解各种矛盾的重要依据，是维护社会正常稳定运转的无形之手。中华优秀传统文化重德、重教，以仁正心，以礼正身，为人们提供了衡量是非曲直的道德标准，在新的时代条件下对于端正社会风气、维护社会稳定、促进社会和谐具有重要意义。

二是有助于实现祖国统一，凝聚全球华人共同实现中国梦。中国梦是所有中华儿女的梦，中华优秀传统文化是激励全球华人勠力同心为之奋斗的精神源泉。两岸同胞血浓于水，共同的血缘、历史、文化是任何势力也割不断的，中华优秀传统文化是实现祖国统一的重要精神财富。

三是有助于树立国家良好形象，提升我国文化软实力。当前，文化在综合国力竞争中的地位越来越重要。我国要得到世界的理解和尊重，树立良好国际形象，为实现中国梦营造良好的国际环境，就必须大力增强中华优秀传统文化在世界上的影响，充分展现中华民族的优秀品质和中国人民坚定不移走和平发展之路的理念，不断提升文化软实力。

（二）实现中国梦需要继承和弘扬中华优秀传统文化

全面建成小康社会，实现中华民族伟大复兴，必须发挥文化引领风尚、教育人民、服务社会、推动发展的作用，并强调建设优秀传统文化传承体系、弘扬中华优秀传统文化。

在新中国成立 70 周年的重要时间节点，在全面建成小康社会的第一个百年奋斗目标即将实现的历史关头，在中国日益走近世界舞台中央的时代潮头，我们应该看到，中华优秀传统文化不仅是历史上中华民族战胜种种艰难险阻而薪火相传的伟大精神瑰宝，也是实现中华民族伟大复兴中国梦的重要精神支撑。

1. 中国梦是时代主题与优秀传统文化相融合的结晶

实现中华民族伟大复兴的梦想，固然是在近代以来中华民族面临生死存亡严峻考验的特殊背景下凸显出来的，但它之所以格外具有感召力、凝聚力和引领力，还在于它具有中华优秀传统文化的深厚底蕴。首先，长期以来中华文明带给中国人民强烈的民族自豪感和文化自豪感，构成了实现中华民族伟大复兴的大众心理基础和基本精神动力。其次，中国梦所包含和显现的强烈爱国主义精神正是中华优秀传统文化的核心和基石。历史上，中华民族先贤留下了无数壮怀激烈、感人至深的爱国事迹和诗篇。舍生取义、精忠报国的精神信念，是优秀传统文化宝库中最美丽的花朵。最后，中国梦所涉及的诸多要素深深地烙印着中华优秀传统文化的精神气质。实现中国梦所需要的自强不息的拼搏精神，所彰显的公平正义的价值取向，所强调的个人梦想和民族前途、国家命运的紧密关联，所主张的和平发展、合作共赢的理念诉求，都能在中华优秀传统文化中找到经典话语、内在依据和有力支撑。因此，中国梦承载着中华民族既古老又常青的光荣与梦想，浓缩了5000年中华文明的优秀文化基因。

2. 中国梦是对中华优秀传统文化的历史继承和当代表达

中国梦根植中华传统文化沃土，与中国古人的社会理想一脉相承。中华民族创造了博大精深的中华文化，历经5000余年而从未中辍，是中华民族的"根"与"魂"。其中蕴含的具有深刻思想内涵的社会理想，始终是中华民族的深沉追求。从"民亦劳止，汔可小康"的生活憧憬到"大道之行，天下为公"的社会理想，一直绵延和流淌在历代先贤和民众的血液中，渗透着华夏儿女的美好理想和深沉追求。今天提出的实现中华民族伟大复兴的中国梦，承载着中华民族既古老又常青的光荣与梦想，是中华文明在凤凰涅槃中重生复兴的时代最强音。

中国梦承接近代以来的历史使命，与无数仁人志士追求民族振兴、国家富强、人民幸福的精神信念一脉相承。近代以来，面对列强入侵和国力衰弱，追求民族独立、人民解放和实现国家繁荣富强、人民共同富裕，成为中华民族肩负的两大历史任务。魏源、林则徐、康有为、梁启超、孙中山等一批批仁人志士，怀抱救亡图存、富国强民的愿望，进行了不懈探索和艰苦追求。中国共产党成立后，自觉担负起民族救亡和发展振兴的历史重任,把马克思主义理论与中国具体实践相结合,继承并弘扬中华优秀传统文化,团结带领各族人民历经革命、建设和改革开放的艰苦奋斗,实现了民族独立、人民解放、经济发展、社会和谐和综合国力的大幅跃升,开创了一条建设中国特色社会主义的康庄大道。今天提出的中国梦,承接近代以来中华民族前赴后继、百折不挠的奋斗,开辟了中华文明伟大复兴的新阶段。既肩负时代的使命,也承载历史的责任,是二者的高度统一,是对中华民族几个世纪以来宏伟愿景的有力彰显。

中国梦立足全面建成小康社会和宏大国际视野,是中华民族当代共同理想的理论升华和生动表达。

3. 中华优秀传统文化是实现中国梦的最大智慧宝库

中华优秀传统文化为坚持中国道路提供了丰富的思想理念。"和而不同"的世界观、"民为邦本"的执政理念、"推己及人"的交往理念等,博大精深的中华优秀传统文化既赋予中国道路鲜明的中国特色,也夯实了我们在世界文化激荡中站稳脚跟的根基,是中国道路的文化之基和自信之源,也是实现中国梦的深厚软实力,并将源源不断地为中国道路提供丰富的思想资源。

中华优秀传统文化为弘扬中国精神提供了强大的精神信念。中华民族是一个勤劳质朴、自强不息、勇于进取、敢于担当的民族。"常思奋不顾身，以殉国家之急"的家国情怀、"先天下之忧而忧，后天下之乐而乐"的忧患意识、"天下兴亡，匹夫有责"的担当精神等，构成了爱国主义的传统。"天行健，君子以自强不息"的进取意识、"苟日新，日日新，又日新"的创新精神、"变则通、通则久"的变革要求等，构成了改革创新的精神，这些都是中国精神的深厚渊源和重要组成，塑造了中华儿女典型的文化心理和性格禀赋，赋予了中华民族自强不息、厚德载物的民族精神，为实现中国梦提供并将持续提供强大的精神动力。

中华优秀传统文化为凝聚中国力量提供了深厚的价值观念。核心价值观是一个民族赖以维系的精神纽带，也是一个国家共同的思想道德基础，是推动文明进步和国家发展最持久、最深沉的力量。中华民族在长期发展过程中孕育形成的讲仁爱、重民本、守诚信、崇正义、尚和合等思想理念和自强不息、敬业乐群、扶正扬善、扶危济困、见义勇为、孝老爱亲等传统美德，成为中华文化的底色和精髓，也成为涵养社会主义核心价值观的重要源泉，为实现中国梦提供了丰富的价值资源。实现中国梦，要从弘扬优秀传统文化中寻找精气神，不断凝聚众志成城、同心同德的强大力量。

4. 用创造性转换、创新性发展的中华优秀传统文化助推中国梦

用中华优秀传统文化助推中国梦，首先要推动传统文化传下去。不忘本来才能开辟未来，善于继承才能更好创新。要构建中华优秀传统文化传承体系，积极实施中华文化传承工程、典籍整理工程、民族民间文化保护工程、戏曲振兴工程、历史文化纪录片创作工程等，加强文化遗产保护，振兴传统工艺，抢救濒危民间文艺，做好传承保护基础性工作，推动传播普及。要坚持古为今用、辩证取舍、扬弃继承的原则，对传统文化进行科学分析、鉴别和清理，摒弃消极因素，继承积极思想，使优秀传统文化薪火相传，成为中华民族生生不息、发展壮大的丰厚滋养。

用中华优秀传统文化助推中国梦，关键要推动传统文化活起来。文化只有走进大众，进入人民心灵，才能活起来，才能化人育人。要加强中华优秀传统文化教育，纳入家庭教育、学校教育、社会教育，使我们的青少年从小就受到优秀传统文化的沐浴，使尊老敬贤、勤劳持家、重视家风家训等继续成为家庭美德，使崇德向善、诚信友爱、凡人善举等成为浓厚社会风气，引导人们向往和追求讲道德、尊道德、守道德的生活。要把中华优秀传统文化纳入公共服务全过程，纳入城镇化建设全过程，使优秀传统文化渗透到人们的日常生活、融入人们的精神基因，转化为日用而不觉的思想自觉和行为习惯，让收藏在禁宫里的文物、陈列在广阔大地上的遗产、书写在古籍里的文字都活起来。

用中华优秀传统文化助推中国梦，更要推动中华文化强起来。守正出新才能历久弥新。要坚持兼容并蓄、融会贯通、推陈出新的原则，通过赋予时代内涵、转换现代表达形式、吸收借鉴世界文明成果等方式方法，使中华民族最基本的文化基因与当代文化相适应，与现代社会相协调，推动中华文化繁荣兴盛，走向现代化，成为实现中国梦的显著标志和强大精神力量。要推动中华文化走出去，着力构建中华文化的对外立体传播体系和国际话语权，讲好中国故事，传播好中国声音，把跨越时空、超越国度、富有永恒魅力、具有当代价值的中华优秀传统文化精神弘扬起来，把立足本国又面向世界的中华优秀传统文化创新成果传播出去，不断增强中华文化的竞争力、影响力和感召力。

三、神农文化是中华优秀传统文化的精髓

根系炎黄，盛世颂祖。中华文化灿烂辉煌，源远流长，具有很强的生命力，产生了巨大的凝聚力和辐射力。如今全球华人以"炎黄子孙"自居，以"炎黄子孙"为荣，"炎黄子孙"已经成为大众耳熟能详的称谓，成为"华夏儿女"的代名词，成为凝聚中华民族团结进步的旗帜，成为激励中华民族发愤图强的战鼓，成为引领中华民族跨进新世纪，跻身世界文明前列的基石。

炎帝神农氏是我们中华民族的人文始祖和共组，炎帝神农文化使中华民族特别具有凝聚力、吸引力、向心力。遍布世界各地的中国人，都自认为是炎黄世胄，有着血浓于水的无限亲情和归属心理，这种现象不仅表明炎帝神农文化无与伦比的文化价值，以及后人对炎帝神农强烈的认同感，更为重要的是，华夏儿女对炎帝神农文化的自觉传承，代表着文化的归属，标着身份的认同。炎帝神农时代所开创的原始文化，是宇宙自然、社会人文、科学技术和人类智慧结晶，它是我们中华文化之源、中华文明之根、中华民族之魂。

在中华民族多元一体格局形成与发展的过程中，炎帝神农文化起着构建共同心理的作用，同时炎帝神农文化也发挥这凝聚纽带作用。在中华5000多年文明发展的进程中，炎帝神农氏是与黄帝轩辕氏并列的多元一体的中华民族人文始祖之一，可以说早已约定俗成：包括海外华人在内的中华儿女都是炎黄子孙，也可以说早已达成共识。世界华人同根同组，血浓于水；海水悠悠，隔不断患难与共的血肉之情。中华民族的复兴，离不开每一个中华儿女的助力。这一民族认同感和归属感是与炎帝神农文化所起的巨大精神纽带作用分不开的。觅祖思源，弘扬炎帝神农氏是海峡两岸同胞共同的愿望和要求。海内外儿女在加强文化交流与合作中，能沟通思想、增进友谊、加强团结，为实现中华民族的伟大复兴贡献力量。

当今中国，维护民族团结、祖国统一和改革开放、谋求发展一样，是历史的最强音。对海峡两岸的港澳台民众来说，大家是血浓于水的手足同胞；对海外华人华侨来说，炎黄文化巨大的文化认同感与归属感，让他们产生认祖归宗与叶落归根的愿望和要求。根源同始祖，家和万事兴。"炎黄子孙"一词是一个有巨大亲和力、号召力、凝聚力的名词，比"中华儿女"一词更富有感情色彩，因而对于团结中华民族，特别是团结海外华人，实行"全球性华人统战"，具有其他词汇不可替代的作用，具有重要的精神感召作用。炎帝神农文化已经成为保持民族特性、维系民族情感的精神纽带，成为促进祖国统一、凝聚中国力量的文化基础；成为激励炎黄子孙百折不挠、自强不息的动力源泉。全球华人共同参拜炎帝神农氏，拜的不仅是共同的中华始祖，更是中华民族不容分割的坚定信念。海外的炎黄子孙和港澳台同胞，纷纷以各种方式回报、支援祖国，这正是民族凝聚力和认同感的巨大表现。中华文化始终是中华民族强大凝聚力的源泉，是维系全体中国人的精神纽带，也是实现和平统一的一个重要基础。

1. 炎帝神农敢为人先体现了中华民族的伟大创造精神

先秦典籍《周易》，最早记下了炎帝神农的大名及其功绩："神农氏作，斫木为耜，揉木为耒，耒耨之利，以教天下，盖取诸益；日中为市，致天下之民，聚天下之货，交易而退，各得其所，盖取诸噬嗑。"历史学家将早期人类社会划为"食物采集者"和"食物生产者"两个阶段，由"食物采集者"到"食物生产者"，是革命性的。而在中华大地上领导这场"农业革命"的正是炎帝神农。炎帝神农，正是以敢为人先的伟大创造精神，发明了耒耜等农业生产工具，首创了种植业和"日中为市"的贸易。从渔猎到农耕，再到商品交换，标志着人类社会进入到一个更高级的阶段，清晰地反映了社会进步、发展的脉络。

同时，这场农业革命也改变了人类的生活方式，提高了生活品质。三国时代蜀汉学者谯周作《古史考》，认为"古之初，人吮露精，食草木实，穴居野外。山居则食鸟兽，衣其羽皮，饮血茹毛。近水则食鱼鳖螺蛤，未有火化腥臊，多害肠胃，于是有圣人出，以火德王"。这个"圣人"，便是炎帝神农，"神农作耒耜"，"教民耕农"，并"作釜甑，成火食之道"，发明了新的食用方式，使先民"食草木实""饮血茹毛"的生活得到彻底改观，从而神农以"火德"而有天下，自然也就与"火"密切相关而称"炎帝"。

首创纺织业，教民"织而衣"，也提高了先民的"幸福指数"。《庄子·盗跖》载："神农之世……耕而食，织而衣。"《吕氏春秋·爱类》的描述更为具体形象："神农之教曰：'士有当年而不耕者，则天下或受其饥矣；女有当年而不织者，则天下或受其寒矣。'故身亲耕，妻亲织，所以见致民利也。"炎帝神农时代的陶纺轮在汉水中游乃至长江中游的大量发现，也证明当时纺织业的发展。炎帝神农还首创煮盐，发明医药，首作琴瑟，创立原始天文学和历法学，先民始有地理观念，等等。在中华民族5000多年的历史长河中，炎帝神农氏的伟大创举，不仅在中华大地上开创了农业革命，也为中华民族的伟大创造精神奠基，激励着一代又一代炎黄子孙奋勇前行。

2.炎帝神农自强不息体现了中华民族的伟大奋斗精神

炎帝神农领导的农业革命,并非一蹴而就,而是经历了一个漫长的奋斗历程。仅以耒耜的发明,就经历了一个探索积累、坚持不懈的奋斗过程。《国语·鲁语》中说:"昔烈山氏之有天下也,其子曰柱,能殖百谷百蔬。"三国韦昭注:"烈山氏,炎帝之号也。""其子曰柱",有专家考证,"柱"是由最早的农业工具 —— 播种点种用的尖头木棒演化而来。早期农业阶段正是在点种棒的帮助下,才使沉睡的种子萌发出了新的生命,先民因而产生了对点种棒的崇拜,使点种棒成了祭典中主稼穑之神的标志—— 木主,即柱。而"烈山"的来历,即为"教民耕农"而放火烧荒之地。直到宋代,湖北、湖南仍盛行"畲耕",即烧山播种的耕作方式。

由"柱"而"耒耜",炎帝神农"耒耨之利,以教天下"的主要功绩,与新石器时代"农业起源"的主要特征相一致。目前已发现的新石器时代文物很丰富,最早的距今6000多年,最晚的距今4000年左右。一般认为新石器时代应具有三个基本特征:一是开始制造和使用磨制石器;二是发明了陶器;三是出现了原始农业、畜牧业和手工业。但实际上,各地这一时代的发展道路很不相同。有的地方在农业产生后的很长一段时期里没有陶器,有的地方在10000多年以前就已出现陶器，却迟迟没有农业的痕迹，甚至磨制石器也很不发达。而在中国，新石器时代的这三个基本特征，都在考古发现中一一得到印证，并达到相当高级的阶段，说明炎帝神农文化作为中华文明的源头之一，源远流长，福泽后世。

3. 炎帝神农坚韧包容体现了中华民族的伟大团结精神

中华民族的繁衍生息、发展壮大，正体现出炎黄二帝为代表的坚韧不拔、团结包容的伟大精神品质。炎帝神农氏与黄帝的关系，在《周易·系辞下第八》中，描述为"神农氏没，黄帝、尧、舜氏作"；在《国语·晋语》中，晋公子重耳的随从大臣司空季子又将炎帝神农氏与黄帝的关系描述得更为亲密："昔少典娶于有蟜氏，生黄帝、炎帝神农。黄帝以姬水成，炎帝神农以姜水成。成而异德，故黄帝为姬，炎帝神农为姜。"直接将炎帝神农与黄帝说成了一母同胞的兄弟。在春秋时代，炎帝神农部落属于姜姓，黄帝部落属于姬姓，当已有定论。

密切合作，是身处中原之地的姜姓炎帝神农氏部落的后人，与姬姓黄帝部落的后人相互融合的一种方式。炎帝神农部落与黄帝部落阪泉一战，黄帝登上了领导岗位。而姜姓的炎帝神农部落，其子孙则逐步与黄帝部落融合，相互并存，同舟共济。在炎帝神农氏之后中，《史记》称之为吕尚、《封神演义》称之为姜尚姜太公姜子牙者，当是影响大享誉广的佼佼者。姜太公辅佐周文王周武王，拿下了商纣王的江山，并封于齐，"太公至国，修政，因其俗，简其礼，通商工之业，便渔盐之利，而人民多归之齐，齐为大国"。周初大分封时，东方受封的姜姓国有伊、共工、陆浑、向、焦、沈、约等，达19国之多，足见炎帝神农氏部落后裔融合之广。

致力统一，携手共进，让华夏更加繁荣昌盛。据史籍，阪泉之战后，神农氏的后裔发展中分为共工、四岳、氐羌三大支，除一部分融入黄帝部落，其他的流徙四方，成为"姜姓之戎"。"姜姓之戎"更将神农氏的血脉传承到华夏大地的四面八方。如"西戎"，从西周到战国，主要是指氐羌系各部落，秦汉以后，整个中国古代，狭义即指氐羌诸部，广义则包括中国西部各民族。著名历史学家顾颉刚在《九州之戎与戎禹》中认为："姜之与羌，其字出于同源，盖彼族以羊为图腾，故在姓为姜，在种为羌。"匈奴、鲜卑等都声称自己是炎黄子孙。《辽史·太祖纪赞》和《世表序》主张契丹为炎帝神农之后。自从炎帝神农部落与黄帝部落联合后，逐步形成了一个以中原华夏炎黄部落为主体，包括东夷、西戎、南蛮、北狄等四方民族多元一体的民族大家庭，在不断的斗争矛盾中逐渐融合造就了华夏文明。

4. 炎帝神农氏天下为公体现了中华民族的伟大梦想精神

"殖五谷"，这是炎帝神农氏为中华民族敲开的第一个伟大梦想之门。《白虎通义》记载："古之人民皆食禽肉，至于神农，人民众多，禽兽不足。"如何改变生存状况呢？据《拾遗记》说，炎帝神农氏将心思盯在草木上，研究"什么籽谷能吃"，他将从鸟嘴掉下的一支九穗谷埋在土壤里，后来竟长成一片。通过不断尝试，最后筛选出稻、黍、稷、麦、菽五谷。他率领部落人民放倒树木，割掉野草，用耒耜等生产工具，开垦土地，种起了谷子。炎帝神农实现了人类由从渔猎采集时代到农耕定居时代的历史性变革，从野蛮走向文明，开启了中华民族农业文明的新纪元。

神农氏尝百草而发明医药，是千古传诵的故事。《淮南子·修务训》中载："神农……尝百草之滋味，水泉之甘苦，令民知所避就。当此之时，一日而遇七十毒。"在炎帝神农氏时代，为了抵御疾病和毒蛇猛兽的伤害，祛除百姓疾病之苦，炎帝神农氏遍尝草木的性味，不惜置自己的生命安危于不顾，出入瘴气弥漫、人间罕至的莽莽山野和茫茫林海之中，寻求治病救死扶伤之药，九死一生，从而发明了用草药医治疾病和创伤的方法。正是由于人们公认炎帝神农氏是我国医药学的奠基者，秦汉之际成书的第一部药物学典才名之曰《神农本草经》。

　　不避艰险，为天下人谋幸福，体现了炎帝神农氏天下为公、以天下为己任的博大胸怀，更体现了中华民族的伟大梦想精神。炎帝神农氏开创的原始农业文化具有注重经验、改造自然、征服自然、勤劳勇敢、富于发明创造的优良传统，在此基础上，中华民族在几千年的历史长河中，积淀了丰富优秀的民族传统与人文精神，如人定胜天、愚公移山精神，自力更生、自食其力精神，重义轻利、大同思想、仁德观念等道德规范和社会理想，成为推动经济社会发展的强大动力，使中华民族一次次站上人类社会发展的巅峰。

四、神农文化是中华民族复兴的活水源泉

自从炎帝神农氏所处的时代开始，中华民族就有"天下一统，协和万邦"的政治理念，注重在自身发展的同时，高瞻远瞩，心怀天下，崇尚个人价值与社会价值的和谐统一，中国的改革开放政策也决定了中国的发展离不开与世界的合作，是一条与世界共生、共赢的发展道路。炎帝神农文化对海峡两岸和海内外炎黄子孙的感召作用，使其能够与世界共同分享，能够有效回应国际社会对中国的期待与诉求。近年来，海内外无数炎黄子孙跨海漂洋，迢迢奔波相约祭拜炎帝神农，数典寻根，顶礼谒拜，这充分体现了一个民族对自己先祖的追念与崇敬之情，也反映了华夏儿女传承、弘扬始祖精神与文化传统，构建中华民族精神家园的共同心志与强烈愿望。在当今文化因素变得越来越重要的全球化时代，我们必须放眼世界，繁荣中华文化，通过提高文化软实力来使世界更好地了解中国，进而实现民族复兴的伟大梦想。

历史的发展是延续的，每一个时期都不是孤立的片段。当今的中国，其政治形态、社会结构、观念习性等都是受到

几千年文化传统的影响，因此必然烙下鲜明的"中国特色"的印记。我们不仅要看地理的横坐标，更要看历史的纵坐标。源远流长的炎帝神农文化已历经中华民族 5000 多年的洗礼沉淀，深深熔铸在中华民族的精神品格之中，成为中华文明生生不息、代代相传的力量源泉。中国梦立足于中华大地，深深地扎根于中华传统优秀文化包括炎帝神农文化的沃土之中。实现中国梦，需要调动一切可以调动的积极因素，需要汲取炎帝神农文化中的精髓，汇聚起强大的正能量，使炎帝神农文化成为实现中国梦的智力资源和精神支撑，同时，随着我们迈向实现中国梦的实践征程中，践行中国梦的实践也为炎帝神农文化赋予了新的时代内涵，促进了对炎帝神农文化的继承和创新。

（一）中国梦深深扎根于炎帝神农文化的沃土之中

实现中华民族伟大复兴的中国梦，是在中国面临严峻考验的特殊背景下提出来的，它之所以具有感召力、凝聚力和引领力，在于它契合中华民族近代以来的历史使命，也符合中华民族千百年来对国家富强、民族振兴、人民幸福文化心理和文化价值的认同。

中国梦扎根于炎帝神农文化的丰厚土壤中，具有中华民族传统文化的深厚底蕴。中国梦的基本内涵是实现国家富强、民族振兴、人民幸福，而炎帝神农文化中也具有强烈的"富国""爱国""重民"思想。炎帝神农部落与黄帝部落的结盟，开创了中国历史上最早的爱国主义传统，天下统一局面的形成，也开始了华夏民族团结一心、自强振兴的序幕。炎帝神农氏初识五谷、教民稼穑、制作农具、遍尝百草、始作医药等活动，带领先民告别了漫长的蛮荒生活，开始了追求人民幸福生活的征程。他削桐为琴，练丝为弦，以通神明之德，合天地之和，不施威刑惩罚，以教化为先，以仁德团结管理部落族民等等举措，改变了先民们原有的生产生活方式，成为人类文明过渡的重要标志。他和先民们在长期的生活和实践中，创造了丰富的物质财富和精神财富，为中华民族精神的发轫和中华民族的形成准备了最初的物质、文化基础。他带领先民所开创的农耕文化、医药文化、商贸文化和原始艺术等，成为炎帝神农文化的具体内容，富有强大的生命力和广泛的包容性，也是上古先民最早的追求国家富强、民族振兴、人民幸福的尝试。正是在炎帝神农文化的基础上，中华文化得以形成自强、爱国、重德、重民、务实、理性和应变的精神，这是中华民族得以形成凝聚、认同、实现图强自兴的核心价值目标的精神原动力。

炎帝神农文化中的"重农""民本"思想，被后世继承并发扬光大，"治国之道，必先富民。民富则易治也，民贫则难治也"(《管子·治国篇》)、"善为政者，田畴垦而国邑实"（《管子·五辅篇》）、"民为邦本，本固邦宁"（《尚书·五子之歌》）等思想，都体现了炎帝神农文化中以发展物质经济为理想政治的治国富民思想。这些"富民""重民"的民本思想，是我们坚持以人为本，为人民谋幸福的思想文化来源。中国梦的奋斗目标是全面建成小康社会和实现社会主义现代化，"小康社会"是在活用传统"小康""大同"思想文化的基础上提出的，既包含着深厚的中国传统文化的内涵，也融汇了丰富的时代色彩。总之，中国梦承载着中华民族既古老又常青的光荣与梦想，炎帝神农文化虽然产生于远古时代，但仍然涵蕴着文明和进步的基因，应该在新时代加以继承、创新与弘扬。

（二）实现中国梦需要汲取炎帝神农文化的精髓

炎帝神农文化中蕴含着珍贵的思想价值，在实现中国富强、民主、文明、和谐的强国梦的过程中，我们要正视优秀传统文化的价值，发掘它们蕴含的现代性力量，以推动中国梦的实现。对于传统文化，我们需要进行理性的分析、批判地继承，取其精华、去其糟粕，古为今用，推陈出新，在接续炎帝神农文化文脉的同时，将中华优秀文化传统与实现伟大中国梦的需求结合起来，构建中国独有的价值体系和精神家园。面对新时期实现中国梦的新任务、新要求，我们需要调动一切可以调动积极因素，充分挖掘和汲取炎帝神农文化的精髓，成为实现中国梦的智力资源和精神支撑。

改革开放以来，一些人往往把注意力集中在于对物质与经济的追逐，从而忽视了传统文化对个体发展的作用。传统文化中公而忘私、舍己为人的道德原则被一些人忽视，优秀传统文化中道德规范被一些人漠视、践踏。如若人们对优秀传统文化中的价值与思想缺乏认同与客观认识，和谐稳定的小康社会与社会主义的现代化将共同的文化价值支撑，实现中华民族的伟大复兴也只能是一厢情愿。一个民族的生存、发展和强盛，需要有强大的传统文化作为支撑。保持和发扬自己的民族文化特点，是一个民族稳定和发展的基础。同样，民族文化对民族共有精神家园的建设亦至关重要。因此民族文化与民族精神是紧密相连、相辅相成的。炎帝神农氏时代完成了母系氏族社会向父系氏族社会形态的过渡，逐步实现了由群婚制向一夫一妻制的文明转型；奉行德治教化，注重以人为本；始兴血缘而聚，开启台榭而居等等，开创了人类初始文明之先河。就是这样一些伟大的创新，推动着原始先民由愚昧走向文明，推动着原始文化由无序走向有序，推动着氏族部落由散乱走向融合。炎帝神农文化除了创造上述各项原始功业外，更重要的是为后代树立和留下了宝贵而丰富的民族精神。我们要正视炎帝神农文化始作耒耜的首创精神、农耕种植的生态伦理、遍尝百草的英雄气概、发明医药的仁政文化、刚健有为的进取特质、平等大同的和谐价值等思想内容，发掘它们蕴含的现代性力量，切实把优秀传统文化转化为实现伟大中国梦的强大力量，以推动中国梦的实现。无数事实证明，炎帝神农文化及其文化精神，在实现中华民族的伟大复兴和推动新时代的发展历程中有着不可替代的作用。

任何一种文化和精神都是历史传承与时代创新相结合的产物，都是一脉相承的。历史积淀而成的民族文化和统一的核心价值取向是一个民族生存发展的方向和动力，也是构建民族共有精神家园的精神内核。炎帝神农文化及其精神对多元一体的中华民族认同感、归属感起着巨大的精神纽带作用，是民族精神、民族凝聚的标志和象征。中华民族在5000多年文明发展史中，自秦朝统一神州成为一个以汉族为主体的多元民族国家开始，历经汉、晋、隋、唐、宋、元、明、清各个时期，统一时间远远超过分裂时间，而且越到后期，同一时间越长，民族之间的融合越紧密；即便在国家分裂时期，各民族之间的经济文化联系与交流始终没有中断。这说明始祖根脉已经成为中华民族的精神纽带，炎黄二帝成为华夏大地统一的象征，在中国历史长期发展进程中，已经得到中华民族的广泛认可。实现中国梦，必须走中国特色道路、弘扬中国精神、凝聚中国力量。炎帝神农文化具有强大的精神力量和弘扬中国精神、凝聚中国力量的思想内核，我们应该汲取炎帝神农文化的精髓，发掘它蕴含的现代化力量，切实把优秀传统文化转化为实现伟大中国梦的强大力量，以推动中国梦的实现。

（三）中国梦赋予炎帝神农文化新的时代内涵

炎帝神农文化的弘扬需要与社会发展进程相适应、时代发展趋势相符合，不断推陈出新，使优秀传统文化既保持鲜明的民族特色，又富于浓郁的时代精神。中华文明之所以绵延不绝、薪火相传，其根本原因在于立足于时代特点，以科学的态度对待丰厚的优秀传统文化资源，不断创新和发展传统文化，给传统文化注入新的时代内涵。

中国梦的文化价值意义，本质上就是现代中国人为实现中华民族伟大复兴的意志展现。中国梦根植于中华优秀传统文化的沃土，并赋予优秀传统文化新的时代内涵和文化样式。例如，将传统臣民之民、生存之本、人治之本的民本思想改造为人民之民、发展之本、法治之本的人本思想；将传统文化"中致中和"的思想改造成经济社会全面协调可持续发展的小康社会；将儒家所极力倡导的"贵和尚中"精神改造成为和谐理念；把传统文化的"仁义礼智信孝悌"等价值观念与当代中国的现实价值观有机结合起来，创造源于中国传统文化又高于中国传统文化的社会主义核心价值观等。中国梦价值思想形象生动地表现、创新与发展了优秀传统文化，使富有深厚优秀传统文化底蕴的中国梦能够更好地得到人民大众的文化价值认同。随着时代的进步，炎帝神农文化所体现的致力统一的团结精神、自强不息的进取精神、为民造福的奉献精神、勇于探索的创造精神、以人为本的亲民精神、贵和尚中的和合精神，得到很大程度地继承和升华，这对于我们继承和弘扬中华民族的优良传统，紧跟时代步伐，开拓创新，不断丰富和发展中华民族精神的内涵，建设中国现代化事业，特别是在现代文明建设中具有重大的现实意义。

目前我国正处在社会转型时期，仍然存在一些精神滑坡、道德沦丧、个人利益极端化等不良现象。要解决社会转型时期存在的问题，重建社会伦理道德和良好的社会风尚，就必须加强传统美德的教育，可以从中华民族文化的源头——炎帝神农文化中去寻找答案，对炎帝神农文化进行充分研究和发掘，使之成为新时代鼓舞人民前进的精神力量。从炎帝神农时期延续下来的漫长而丰富的文化传统，成为建设现代化的源头活水。中国梦赋予了炎帝神农文化新的时代内涵，我们可以发扬炎帝神农文化的思想精髓，助力社会主义先进文化建设，形成荣辱清晰、善恶分明的价值判断和民主友爱、平等和睦的人际关系。例如，炎黄联盟团结统一的思想，可以提升自身的修养来成就"家国天下"的情结；以农为本形成的"重义轻利"的价值取向和为民造福的担当与情怀对市场经济条件下滋生的金钱至上、个人本位的倾向形成一定程度的抗衡；炎帝神农文化中以人为本、贵和尚中的和合思想，追求精神和身体的内在融通，强调人的自由、全面发展，对于现代工业文明在精神层面带来的一些心理问题也起到了有益的调节作用；炎帝神农文化中的自强不息的进取精神和勇于探索的创造精神，有利于促进经济社会发展，加快推进现代化建设，早日由"中国制造"变成"中国创造"。要用炎帝神农文化中的精髓，通过对良好行为规范的宣传，使其在广大人民群众中得到落实，在全社会培养和形成良好的社会道德风尚。

炎帝神农文化在新时代有着新的内涵，还在于它已经成为联系两岸三地同胞及海内外炎黄子孙的精神纽带。中国的发展为推动两岸的和平发展提供了强大的经济基础，当前，经过全体中华儿女的不懈努力，中华民族正迎来伟大复兴的光明前景。炎帝神农文化的传承和发展必将进一步促进两岸三地的文化交流，为弘扬民族精神、加强全球炎黄子孙的交流与合作，推进祖国早日和平统一做出贡献。携手推动两岸关系和平发展、同心实现中华民族伟大复兴，应该成为两岸同胞及海内外炎黄子孙的共同目标。近年来，炎帝神农祭典活动逐渐成为传承中华文化的载体和平台，在随州、炎陵、宝鸡、高平等祖根圣地举办的炎帝拜祖大典在提醒海内外炎黄子孙共同牢记：团结统一的中华民族是海内外中华儿女共同的"根"，博大精深的中华文化是海内外中华儿女共同的"魂"，实现中华民族伟大复兴是海内外中华儿女共同的"梦"。从这个意义上来说，继承和发扬炎帝神农文化在共建中华民族精神家园、推动民族伟大复兴方面有着极其重要的作用。

（四）弘扬炎帝神农文化，能够助推中国梦的实现

一个民族、一个国家发展振兴的重要精神支撑，深深熔铸在民族的生命力、创造力和凝聚力之中。炎帝神农氏是与黄帝并尊的中华始祖，弘扬炎帝神农文化是提高国家文化软实力、促进中国梦实现的重要途径。炎帝神农文化是中华民族共同的精神家园、为了加速中国梦的实现，我们要加强炎帝神农文化的研究和传播，发挥它在新时代的巨大作用。

中国梦的提出，既饱含着对近代以来中国历史的深刻洞悉，又彰显全国各族人民的共同追求和宏伟图景，为党带领人民开创未来指明了前进方向。中国梦深刻道出了中国

近代以来历史发展的主题主线，深情描绘了近代以来中华民族生生不息、不断求索、不懈奋斗的历史。今天我们弘扬炎帝神农文化，就是要以全面建成小康社会，实现中国梦为出发点和落脚点。这是因为，全面建成小康社会、实现中国梦必须弘扬中国精神。中国精神就是以爱国主义为核心的民族精神，以改革创新为核心的时代精神。这种精神是凝心聚力的兴国之魂、强国之魂。爱国主义始终是把中华民族坚强团结在一起的精神力量，改革创新始终是鞭策我们在改革开放中与时俱进的精神力量。而炎帝神农文化精神正是伟大中国精神的源头和重要组成部分。当前，大力弘扬和积极培育炎帝神农文化，有利于把全民族的智慧和力量凝聚到实现全面建成小康社会的历史人物来，使人们进一步增强爱国主义热情，自觉维护国家统一和民族团结，自觉维护民族尊严和国家利益。保持自强不息、艰苦奋斗、改革创新、开拓进取的精神风貌，从而赋予民族复兴以强大的精神动力，顺利实现中国梦，使全体人民共同享有人生出彩的机会，共同享有梦想成真的机会，共同享有同祖国和时代一起成长与进步的机会。

总之，炎帝神农文化是凝聚中国力量的火炬，鼓舞民族复兴的号角。炎帝功绩，举世景仰；中华复兴，崛起东方；告慰先祖，子孙有享；民族昌盛，国家富强。在始祖文化的指引下，炎黄子孙血与血相融，根与根相连，心与心相通，梦与梦相同。"四海一家亲，共圆中国梦"，在新时代，我们要携手前进，凝聚在中国特色社会主义旗帜下，扎实推进社会主义文化强国建设，促进文化事业大发展大繁荣，实现中华民族伟大复兴的中国梦！

第四章 承神农文化 索寰球大同

　　人类命运共同体，顾名思义，就是每个民族、每个国家的前途命运都紧紧联系在一起，应该风雨同舟，荣辱与共，努力把我们生于斯、长于斯的这个星球建成一个和睦的大家庭，把世界各国人民对美好生活的向往变成现实。"人类命运共同体"思想有着深刻的人本哲学基础，它既是以神农文化为代表的中华民族优秀传统文化的继承与发扬，又是马克思主义唯物主义辩证法、唯物史观哲学思想和世界交往理论时代性的体现和运用。

一、中华优秀传统文化与构建人类命运共同体

　　构建人类命运共同体是实现人类持久和平和共同繁荣的时代宣言和伟大构想，顺应了当今世界和平、发展、合作、共赢的时代潮流，契合了各国求和平、谋发展、促合作的共同愿望。党中央构建人类命运共同体这一重大命题和重要思想的提出，具有深厚的历史文化底蕴和坚实的人类共同利益支撑，为世界未来发展指明了正确方向。

（一）人类命运共同体的深刻内涵

　　"人类命运共同体"思想作为一个全新的发展理念，有着

自身独特的内涵，我们要着重从政治、安全、经济、文化、生态等五个方面推动构建人类命运共同体。

（1）在政治上要互相尊重、平等协商，坚决摒弃冷战思维和强权政治，走对话而不对抗、结伴而不结盟的国与国交往新路。在发展与别国的双边关系时，中国主张"结伴而不结盟"，建立具有中国外交特色的以合作共赢为核心的新型国际关系。在这种新型交往观念的指导下，我国已经同诸多国家和地区组织建立了不同形式的伙伴关系，基本形成覆盖全球的伙伴关系网络。中国的崛起是和平的崛起，不搞唯我独尊、恃强凌弱的霸道，不会成为国际冲突的制造者。

（2）在安全上要坚持对话解决争端、以协商化解分歧，统筹应对传统和非传统安全威胁，反对一切形式的恐怖主义。

（3）在经济上同舟共济，促进贸易和投资自由化便利化，推动经济全球化朝着更加开放、包容、普惠、平衡、共赢的方向发展。中国同一大批国家联动发展，使全球经济发展更加平衡。中国不仅以推动"一带一路"倡议赢得了国际社会对中国"大国责任与担当"的积极响应，还作为东道国分别成功举办了 APEC 峰会、G20 峰会、金砖国家峰会这样的大型多边合作会议。2016 年主持"亚洲基础设施投资银行"开业，这些都是中国在推动世界经济发展、拉动全球及区域合作方面交出的优质答卷。

（4）在文化上要尊重世界文明多样性，以文明交流超越文明隔阂、文明互鉴超越文明冲突、文明共存超越文明优越。中国人的思维方式是一种包含、包容、融化的思维方式，西方人则是超越、取代、取消的思维方式。中华文化博大精深的奥妙之一就是宽容与融合，具有海纳百川的气魄。充分尊重世界文化的多样性，以"海纳百川、有容乃大、和而不同、兼容并蓄"的理念加强文明对话，促进文化和谐。

（5）在生态上要坚持环境友好，合作应对气候变化，保护好人类赖以生存的地球家园。建设生态文明关乎人类未来。要解决好工业文明带来的矛盾，以人与自然和谐相处为目的，实现世界的可持续发展和人的全面发展。要牢固树立尊重自然、顺应自然、保护自然的意识，绿水青山，就是金山银山。要坚持走绿色、低碳、循环、可持续发展之路，平衡推进2030年可持续发展议程，构筑尊崇自然、绿色发展的全球生态体系。

（二）人类命运共同体的时代价值

1. 构建人类命运共同体创造性地提供了全新的发展取向

首先，构建人类命运共同体以大历史观辩证反思人类文明的发展方式。它站在历史的、时代的高度，以辩证追问和反思的方式，观察时代、解读时代、引领时代，深刻把握世界历史的脉络和走向，并将人类的整体发展问题作为时代大命题，汇聚人类价值理念的思想共识，致力于追求和谐发展和更加有效的全球治理体系。其次，构建人类命运共同体提供了对于经济全球化的理性辩证思考。近现代以来，作为人类社会的重要发展趋势，经济全球化同时也是一把"双刃剑"。经济全球化是历史大势，促成了贸易大繁荣、投资大便利、人员大流动、技术大发展。当然随着经济全球化的不断推进，发展失衡、治理困境、数字鸿沟、公平赤字等问题也客观存在。引导经济全球化健康发展，需要加强协调、完善治理，推动经济全球化朝着更加开放、包容、普惠、平衡、共赢的方向发展，既要做大蛋糕，更要分好蛋糕，着力解决公平公正问题。最后，构建人类命运共同体为文明永续发展做了重要探索。"文明永续发展，既需要薪火相传、代代守护，更需要顺时应势、推陈出新"。在存在方式和生态样式上，它强调建设持久和平、普遍安全、共同繁荣、开放包容、清洁美丽的世界。在交往规则和发展方式上，坚持对话协商、共建共享、合作共赢、交流互鉴、绿色低碳。由此，构建人类命运共同体为理性审视经济全球化的发展逻辑，提供了辩证的哲学思维方式、理论视域和价值观照，成为人类社会新征程的历史性选择和具有文化自觉的实践行为。

2. 构建人类命运共同体，为全球治理体系变革提供了具

有积极建设意义的价值指向和实践方案

首先，以包容性和共赢性为价值取向，直面国际冲突与和平问题。面对全球单边主义、保护主义、民粹主义逐渐蔓延发酵，国际多边秩序遭到严重挑战的复杂局面，中国共产党人以开放包容的世界交往态度，以包容性成长和共赢性合作为价值指向，创造性地提出构建人类命运共同体的治理方案，是对"冷战"思维和"零和"博弈给予的积极而理性的正面应答，为实现全球安全与和平提供了具有操作性的实现路径。

其次，以发展性和成长性为价值尺度，厘定人类共同繁荣和共同发展之路。当前，社会财富增长和贫富差距加剧的世界同时存在，充满无限发展生机与充满生存性困境的世界同时存在，倡导经济全球化和奉行逆全球化运动的世界同时存在。特别是在第四次工业革命的发展趋势下，人类亟须正视这种世界危机和发展的结构性、系统性问题，从人类整体利益出发共同面对和解决。构建人类命运共同体为人类进步和繁荣提供一个新的发展架构和方向指引。

最后，以相互尊重、公平正义、合作共赢为核心，为构建新型国际关系和国际秩序革新完善提供新的话语体系和路径选择。世界命运应该由各国共同掌握，国际规则应该由各国共同书写，全球事务应该由各国共同治理，发展成果应该

由各国共同分享。构建人类命运共同体为国际社会提供了 21
世纪和谐发展的制度设计和合作平台，它强调推动建设相互
尊重、公平正义、合作共赢的新型国际关系，其实质是打破
旧的强权规则和霸权秩序，坚持多边主义，维护国际公平正
义，推动建设开放型世界经济和 21 世纪全球治理体系。

**3. 构建人类命运共同体是立足全人类根本利益的必然
判断**

综合判断，和平与发展是当今时代的主题，共赢、共享
不仅是中国立足全人类的根本利益对未来世界秩序的美好期
盼，更是世界人民的共同愿望。当今世界，和平发展的大势日
益强劲，变革创新的步伐持续向前。各国之间的联系从来没
有像今天这样紧密，世界人民对美好生活的向往从来没有像
今天这样强烈，人类战胜困难的手段从来没有像今天这样丰
富，实现世界永久和平互通有无的目标从来没有像今天这样
触手可及。中国发展离不开世界，世界繁荣也需要中国。构
建人类命运共同体是中国履行大国责任，顺应世界格局演变
的趋势，维护世界和平的必然举措，具有强大的道义力量和
坚实的现实基础。

**4. 构建人类命运共同体是建设全球公平正义的国际关系
新秩序的必然要求**

文明没有高下、优劣之分，只有特色、地域之别；国家没

有大小、强弱之分，只有历史、国情之别。人类文明多样性是世界的基本特征，也是人类进步的源泉。得道多助，失道寡助。中国发展得益于国际社会，中国也为全球发展做出了巨大的贡献。构建全球公平正义的国际关系新秩序，必须坚持共商共建的发展新理念。世界各国无论大小，都要在追求本国利益时兼顾他国合理关切，把本国利益同各国共同利益结合起来，努力扩大各方共同利益的汇合点，增进人类共同利益。在谋求自身发展的同时，积极促进其他各国共同发展，让各国和各国人民共同享受发展成果。中国作为世界上最大的发展中国家，始终坚持"相互尊重、公平正义、合作共赢"的新型国际关系、"对话而不对抗、结伴而不结盟"的伙伴关系和"求同存异、相互尊重、互学互鉴"的新型政党关系，建设持久和平的世界。

5.构建人类命运共同体是展望世界历史发展的必然选择。

　　人民是世界历史的真正主人，世界命运始终握在各国人民手中，人类前途系于各国人民的抉择。人类历史表明，那些能够把握历史规律、驾驭时代大势，并且对人类共同命运给予切实关怀的思想，是不可战胜的。构建人类命运共同体，实现共赢共享的中国方案，描绘出人类社会未来发展本该有的美好景象——坚持对话协商，建设一个持久和平的世界；坚持共建共享，建设一个普遍安全的世界；坚持合作共赢，建设一个共同繁荣的世界；坚持交流互鉴，建设一个开放包容的世界；坚持绿色低碳，建设一个清洁美丽的世界。因此，构建人类命运共同体，这是各国人民的必然选择，也是世界历史发展的必然选择。

二、中华优秀传统文化与破解当今世界的困局

在人类文明发展长河中，就文明对世界的影响力而言，从欧洲发轫的西方文明尤为耀眼。从启蒙时代到现代的300多年，世界在西方文明主导下，社会生产力发展远远超过了以往人类历史发展的总和。然而，自进入21世纪，西方文明开始备受挑战，2008年世界金融危机爆发，更是把世界推入乱象丛生的境地。

当今世界，人类面临诸如经济长期低迷、贫富差距拉大、经济危机和金融危机加深、军备竞赛和核竞赛升级、战争危险加剧、恐怖事件频发、资源枯竭、环境恶化等困扰人类生存与发展的一系列全球性难题。当今世界经济存在的三大突出矛盾都未得到有效解决：一是全球增长动能不足，难以支撑世界经济持续稳定增长；二是全球经济治理滞后，难以适应世界经济新变化；三是全球发展失衡，难以满足人们对美好生活的期待。这意味着影响世界发展的动力、平衡、治理三大根本机制出了问题。其深层根源，是西方文明的逻辑出了问题。

　　西方中心论是西方文明的逻辑起点，这是导致世界困局的理论根源。西方中心论奉行"一元论""主客二分"的哲学思维，即西方世界是"主"、非西方世界是"客"，西方世界是"我族"、非西方世界是"异类"，西方世界是"先生"、非西方世界是"学生"。它标榜西方价值的普世性和西方道路的唯一性，认为西方文明是人类真正的文明，西方标准就是世界标准，非西方世界应向西方世界看齐。在这种逻辑中，"客随主便""我族歧视异类""先生教训学生"自然是西方认为情理之中的事。西方列强主宰和分割世界的威斯特伐利亚体系，就是这种逻辑的产物。按照这种逻辑，某些国家强推"普世价值"、借助武力输出"颜色革命"、出兵干涉主权国家内政这些闹剧，都是所谓名正言顺的"正义之举"。而事实上，西方文明蕴含着"对立""对抗"的基因，世界因此被切割成相互冲突的对立体。如此，国际秩序很难持续下去。

　　资本扩张是西方文明的行动旨趣，这是导致世界困局的制度根源。世界进入近代以来，资本就像脱缰的野马横行于世，推动资本主义从商业资本主义到垄断资本主义再到金融垄断资本主义的升级，直接或间接影响着世界的每一个角落，推动着人类社会的发展，同时也把世界带入险境。因为资本逐利、扩张和增殖的本性，使资本主义形成了以牺牲资源、环境、生态、人的发展以及发展中国家利益为代价的生产方式，形成了以金融霸权、文化霸权和军事霸权控制世界的统治方式，加剧了地区发展的不公平性、非均衡性和不可持续性，引发了资本主义制度体系下的结构性、累积性、依附性发展问题。

（一）资本主导下的经济困境

就其本质来讲，西方所标榜的"自由市场体系"，实际上是一种有利于资本最大限度地追逐利润的经济体系，这是资本主导逻辑的必然选择。西方所谓的"自由市场体系"，实际上是以资本为主导的、以利润为牵引的技术创新、市场拓展和劳动力升级等所构成的一个经济运行体系。这一"自由市场体系"在全球扩张的过程，也就是西方国家在全球范围内配置各种生产要素的过程。但是，资本主导驱动下的"自由市场体系"在全球的扩张，也埋下了今日经济困境之祸根。

本来，冷战时期的西方经济运行体系，是一个实体经济占主导的经济运行体系。而一旦把"自由市场体系"的这套做法放大到全世界范围，精明的西方国家发现，与资本运作相比，搞实业太苦太累，挣钱太慢了。"虚拟经济"确实比"实体经济"来钱快且多，于是以不断"发明"金融衍生品为核心的金融市场就被制造出来了。然而金融衍生品寄居于西方国家，必须有靠得住的"宿主"，这个"宿主"就是庞大的西方中间阶层群体，这个群体有融资冲动且有偿还能力。但是，"虚拟经济"从两个方向摧毁了它所赖以生存的中产阶层群体基础：一方面，支撑"虚拟经济"的资本市场是一个"有钱人的盛宴"，它越繁荣，就会导致越大的社会贫富差距；另一方面，更重要的是，虚拟经济一定要有实体经济做基础才能真正兴盛。"虚拟经济"的兴盛，在相当程度上掏空了实体产业基础，而实体产业恰恰是孕育和支撑中间阶层的最重要的经济基础。所以，资本家一旦真的变成了"资本"家，资本的美梦就到此结束了。

（二）资本主导下的政治困境

从马克思主义关于经济基础与上层建筑关系的视角分析西方资本主义社会，不难理解，资本主导的逻辑体现在政治领域，就是资本主导的政治。以民主政治为标榜的西方政治制度安排，本来是为了平衡和协调统治集团内部利益关系而设置的，是确保经济领域的主导势力在政治领域占据主导地位，同时又能够在各种经济势力之间进行平衡和调节的一种制度机制。冷战期间，由于社会主义阵营带来了政治上的压力，为了一定程度上满足崛起了的社会中下层的政治诉求，西方国家不得不采取向社会中下层让渡和兑现某些政治权利以换取政治"合法性"的若干措施，从而使得西方国家的民主政治具有了"精英政治的内核、大众政治的外表"。冷战结束之后的一段时间内，西方国家的中下层在从上层那里分享到部分"全球剩余价值"的同时，也享受到了霸权庇护下的所谓的政治文明，精英与大众在政治事务上的平衡感得到了前所未有的保持。由此，西方国家上下对自己的政治制度具有了一种前所未有的"自信心"，但当2008年国际金融危机所导致的"自由市场体系"的红利的削减，以及西方国家滥用霸权导致的政治动荡与不安向西方国家进行传导的时候，精英政治与大众政治之间的平衡感就遭到了空前的危机。

面对问题和困难，西方国家势必要进行政策决策的重大调整。但是，资本主导的所谓的民主政治，使得这种调整十分艰难：一方面，资本主导之下的精英政治的实质，决定了这种调整必然要以削减甚至牺牲普通民众的部分政治权利和权益为代价；另一方面，误以为自己是主要演员的、被西方民主政治惯坏了的大众，无法接受这种调整，从而严重影响了西方国家的自我调节能力，这反过来又加剧了西方的困境。

（三）资本主导下的社会困境

完善的社会保障体系、公共服务体系和人权维护体系，通常被认为是西方国家优越性最有力的证明。然而，在这个所谓的优越性的背后，隐藏着资本主义的实际目的。马克思主义的分析告诉我们，资本要想实现增殖，最根本的还是要依靠人的劳动。因而，在资本主导的逻辑之下，为了使"劳动者"能够持续稳定地提供优质劳动力，为了使"消费者"持续稳定保持较强购买力，西方国家统治阶层就必须在社会保障体系、公共服务体系和人权维护体系方面下一些本钱，这就是西方社会福利制度等的由来。但是，"自由市场体系"在全球范围的扩张，也给社会福利制度模式带来了多方面的挑战。处于经济全球化时代的西方国家，由于不再过于依赖本国的"劳动者"和"消费者"，从而也就削减了对社会福利制度的持续投入。而西方中间阶层群体的持续衰落，使得西方的社会福利制度越来越沦落为"兜底线"的政策工具，从而使得西方国家背负上了沉重的财政负担。

（四）资本主导下的意识形态困境

马克思主义早就从资本主义社会内部深刻认识到，一个由资本主导的社会，人早已被资本所异化，沦落为资本实现增值的手段和工具。资本剥除人与人之间除了经济关系之外的其他任何社会文化意义上的关联性。看起来是维护和彰显人的个性与尊严的个体主义，实际上是资本主导的社会背景下人的无奈的、迫不得已的选择。由于资本消解了衡量人的意义与价值的许多重要的社会文化维度，人不得不以占有物质财富的多少作为衡量自身价值的唯一标准，于是就出现了消费主义。由于对利润的追求成为社会全体成员唯一的驱动力量，人与人之间不得不以功利主义的态度彼此看待。因此，从本质上说，西方国家无论从历史、现实还是理论上，对其他国家都不具有道义上的优势。

然而，冷战结束后，西方国家在全世界范围不遗余力地推广"自由、民主、平等、人权"等所谓的"普世价值"，实质上是为在全球推行其自由市场体系张目，根本目的是为构建西方主导的世界体系提供一整套合法化论证。看起来他们是为了全人类的自由而在全世界扩张市场，实际上是为了在全世界扩张市场而推销自由。但是，2008年国际金融危机发生之后，这种"话语营销"生意越来越不好做了。西方近代文明的核心价值，如自由市场、政治民主、文化多元主义等都面临巨大挑战，这必然导致西方国家在意识形态上的危机。

如此来看，作为世界困局之始作俑者，西方文明难解当今世界困局，西方中心论、历史终结论终要破产，人类呼唤新理论和新文明。

三、神农文化与中华新文明的精神内核

"人类命运共同体"理念作为大国特色外交的价值目标，必须将其置于整个人类文明史的嬗变逻辑中进行考察，才能真正澄明其丰富的内在意蕴。在全球化之前，各个文明形态默默流淌在各自的文明河床之上，形成一种自生自灭的人类文化遗迹。随着人类交往的不断发展，人类文明史上出现了两种族群之间相互交融的方式：一种是以古代中国朝贡体制为代表的"天下"体系，另一种是古代欧洲以暴力为基础的"帝国"架构。文艺复兴之后，随着启蒙理性所塑形的现代化不断推进，各个不同的文明形态相互融合，"天下"体系和"帝国"架构纷纷解体，而"民族国家"则伴随着现代化的不断成长得以建构。二战之后，现代"民族国家"本身的建构性不断被"去魅"，被后殖民主义看作是"想象的共同体"。面对这种国际背景，一个世界性难题便摆在中国人面前：中国究竟是沿着西方民族国家的老路打造一个以"民族国家"为中心的现代"国族"，还是扬弃传统文化意义上的文明型"天下"体系而建构一个和谐、绿色的"文明型"国家？这是一个重大的理论和现实问题。"人类命运共同体"的提出就是在这种时代背景下，面对全球化的冲击，试图超越传统"帝国"体制和"民族国家"建构，而在国际关系领域追求一种更加恢宏、高远的文明格局。同时，"人类命运共同体"也是人类社会在面对非传统安全威胁因素不断增多的情况下，中国为人类未来走向提出的中国解决方案。

（一）从时间视域来看，"人类命运共同体"作为一种处理国家间关系的新型文明观，是人类文明发展的必然产物。

当文明由地域性走向世界性时，文明间的融合和冲突总是出现在世界文明的历史进程之中。随着理性开始战胜神性，人权超越神权，作为人的精神理性结果的科学技术革命将工业文明推向了世界舞台的中心。当西方以凯歌猛进的乐观主义态度，通过一种近似疯狂的姿态向大自然、向人类自身、向其他地域文明进军之时，西方强势文明所显示出的问题开始暴露无遗：环境遭到破坏、贫富差距加大、侵略成性……这些都是西方文明在其扩张过程中表现出来的弊端。以工具理性和实证逻辑为基础的西方文明，由于长期忽略价值理性和道德修为，导致工具主义泛滥，恶化了人类的道德品质，人类的命运更加多舛。卢梭就是从今不如昔的角度指出了所谓的文明其实就是人类的堕落和不自由的开始；斯宾格勒把这种西方文明所显示出来的衰败症候称之为"西方的没落"。这种"没落"从深层次看，是西方文明本身的悖论使然，西方文明在创造了大量财富的同时，也在耗散着文明自身的能量，使人类命运走向悲惨的境地。

因此，从本质上来讲，西方文明在资本主义生产方式建立之后，在经济领域完全遵从资本逻辑，讲究优胜劣汰；在政治领域，特别是近代以来，西方国家不断进行"民族国家"建构，其实质是在奉行弱肉强食的社会达尔文主义；在文化领域，西方文明通过文化侵略，站在世界文明中心论的立场上，不断消灭着人类文明的多样性和丰富性。由此可见，在人类整体的文明发展过程中，发源于希腊和希伯来的所谓"两希"文明，虽然在人类历史上曾产生过非常大的革命创新力量，但西方文明是建立在工具理性和功利价值观之上的文明体系，这种文明只能造成经济领域不间断的经济危机、环境领域的生态危机等各种危机。因此，西方文明从其精神本质上来说又是一种不可持续的文明形态，是一种亟须由杜维明教授所倡导的西方文明应该从一种"教导文明"向"学习文明"转向的文明形态。

"人类命运共同体"理念就是在镜鉴西方文明的基础上，

使古老的中华文明经过"创造性转化"和"创新性发展"而与现代经济社会发展相适应。所以，"人类命运共同体"作为西方文明的一种替代性方案，是在西方文明发展的整个历程已经暴露出其自身弱点和非人道的情势下，由中国提出的处理国际关系的价值理念。践行"人类命运共同体"理念，就要以博大的胸襟，在警惕西方带有极强意识形态色彩并以颜色革命为背景的"普世价值论"进攻的同时，又不因噎废食、半途而废。要站在整个"人类命运"的高度，把整个人类拯救出由资本逻辑所引领的发展道路。所以，人类命运共同体的"共同价值"是一种崭新的文明形态。

（二）从空间视域来看，"人类命运共同体"超越了"西方中心论"和狭隘的"民族国家"建构，而形成了一种全人类意义上的"命运共同体"

"人类命运共同体"在空间意义上是建立在对西方中心主义的批判和解构的思想基础之上的。在全球化视野下，西方中心主义表现为由现代性引导的民族国家建构过程中呈现出的一种精神气质，这是从18、19世纪逐步形成的一种局域性的、以建构具体的民族和具体疆界、以"民族国家"命名的共同体。这种共同体要么一族一国，要么多族一国，但强调的都是国家认同和疆界崇拜。这种共同体，无论是以国家为单位的公民民族主义，还是以族群为单位的族群民族主义，都是一把双刃剑。因为健康的民族认同可以增加一个共同体的团结和谐，而极端的民族认同则会形成鼓吹自己族群优越于他族的动员机制，从而为族群战争埋下了祸根。所以，从本质上分析，每一个"民族国家"都是在民族认同的过程中，不断强化着脱离中心的自我的重要性和对"他者"的优越性。从实质上来分析，这种"民族国家"是黑格尔式线性文明观的变形，这是在去中心之后出现的另外一个星罗棋布的中心。每一个中心都宣称自己是世界的中心，这种文明观的结果就只能是同类相残，战争不断。所谓和平在这种文明观思维下只能是水中月镜中花。从文明发展的角度看，当历史的脚步走到了当前，如果还是以西方中心主义的文明观支配着国际关系和外交政策，那么世界将走向何方便可想而知。当前的世界乱局和由于"民族国家"的利益和领土争端导致的各种局部战争接连不断，如何有效管控这种局势就需要在更高的价值领域进行新的观念创设。如果人类社会还是沿着弱肉强食的以"民族国家"为政治单位的西方中心主义的文明观前行，人类未来发展的希望将非常渺茫。

"人类命运共同体"理念则为将来世界历史的走向提供了指导性价值原则。这个价值原则是建立在批判西方"民族国家"病态建构基础之上的。尤其是 2008 年世界性的经济危机以来，西方民族国家更是把自身危机不断转嫁给其他国家，现在拉美经济的不景气以及中东北非的乱局，都与 2008 年发源于美国的次贷危机有千丝万缕的内在关联。如同学者程亚文、王义桅在新著《天命：一个新领导型国家的诞生》一书中所表明的："2008 年以来的欧美金融危机及西方世界的衰落景象，显示出第二次世界大战结束以后所形成的全球治理体系已陷入崩溃，西方世界近世以来用以处理自身及全球性问题的思想知识和制度体系——也就是西方文明的效用已发挥到极致，世界急需新的国家走到前台，提出并实践新的价值观念、知识体系，推进新的制度安排，为全球生活提供公共产品。"诚哉斯言，"人类命运共同体"理念则是在面对西方经济文化运作过程中出现的各种病态，试图在对全人类的和谐稳定提供一种新的价值秩序。

从本质上来看，"人类命运共同体"就是在对西方中心主义和极端民族主义批判的基础上所进行的理论建构。"人类命运共同体"反对建立在西方中心主义基础之上的狭隘性，强调的是全人类的命运和福祉，要求在国际交往中，要超越种族、民族和性别等歧视，从人学的视角来理解人类之间的交往，超越狭隘自私的文明观，追求一种立意更加高远的文明格局。这种文明格局是对人类历史上含有"差异"意味的文明源头的否定，是传统文明观的升华。

（三）"人类命运共同体"理念就是在中国崛起的时代话语下中华优秀传统文化和西方优秀文化有机融合发展的必然理论成果

古人云："万物有所生，而独知守其根。"在对"人类命运共同体"进行历史性和空间性考察之后，再来分析"人类命运共同体"的"中国原点"就理所当然。在西方文明没落之后，"人类命运共同体"理念相对于劫后重生的华夏文明之所以能引领世界政治经济文化，是因为它建立在对中国传统文明独特理解的基础之上。中华文明发源于黄河、长江两大流域，在其发展的过程中，北方强悍的游牧民族的游牧文化、印度的佛教文化等在不同时期和中原儒释道文化的不断融合，形成了一种以儒为主、儒法并举的极具包容性的特色文明系统。"人类命运共同体"理念本身就是这块古老土地上孕育出的一种文明成果。

复旦大学谌中和教授在《中国的诞生》中，借助中国远古龙凤崇拜的文化起源，认为中西方的文化特征并非种族意义上的而是文化建构意义上的，"中国传统文明的和平主义性格是由中国经济生活的自足性及其社会发展的阶段所决定"。

他认为："正是这种相对富裕的自足性经济生活使华夏民族安土重迁，对故土充满依恋，对自己的一切感到满足和自豪，对外部世界既缺乏远足的好奇，更不会产生羡慕和嫉妒而诉诸武力，从而造就了中国文明的和平主义品格。"因此，"人类命运共同体"继承了中华文化的和平主义精神品格，在涉及国际争端特别强调要"商量着来"，发挥着一种"共同体"精神，在国际交往中，反对目无他人，唯我独尊。

"人类命运共同体"从本质上讲，也是对世界"文明型"帝国体系的一种内在超越，试图在新的历史文化条件下，形成一种和谐共生的国际生态环境。可见，在中国古代史上对"文明"的定位是建立在文化融合基础之上的，"人类命运共同体"理念则是在融合发展中华优秀传统文化的基础上形成的，是源于中国、面向全球的一种外交价值。在这种全球治理体系发生重大变革的时代，"人类命运共同体"理念，既非西方中心论的，也非狭隘地域性的，而是以和合思想为指导，追求和而不同、协和万邦的"文明型"国家观和价值原则。这种"文明型"国家的崛起是建立在中国传统"正其谊不谋其利，明其道不计其功"的价值观之上的。

"人类命运共同体"理念是一种新文明观在处理国际关系方面的理论符号。不仅是对马克思共产主义思想的继承，也是一个建立在人学基础之上的一个更高立意的大格局，这个文明格局是一个建立在时间维度上指向未来的人类文明观。

　　总之，"人类命运共同体"思想是中华文明智慧的创新和发展。不但在时间上实现了对西方中心论的超越，而且在空间上又规避了"民族国家"的狭隘地方性。"人类命运共同体"的文明观形成的是一种"中层"意蕴的新型文明观。这种"文明型"国家的崛起，不但是对各种文明观的扬弃，而且是致力于实现世界的永久和平、永续发展。正如党的十九大报告在阐释"人类命运共同体"的含义时所指出的那样，建设"持久和平、普遍安全、共同繁荣、开放包容、清洁美丽"的世界既是中国的愿望，也是全世界人们的希望。"人类命运共同体"是中华优秀传统文化对世界的文化新贡献。作为中华优秀传统人学思想的现代创新，"人类命运共同体"理念势必会彰显出鲜明的中国特色、中国风格、中国气派，在新的时代创造性转化和提升，最终成为一种具有世界吸引力和竞争力的伟大文明。

四、神农文化与中华新文明的中枢主旨

炎帝神农作为农耕文明的始祖，其体现的神农精神孕育出了厚重悠远的中华文明，富含讲仁爱、重民本、守诚信、崇正义、尚和合、求大同等优质基因，是构建中华新文明体系的核心精神之基，是中华新文明体系、成就人类命运共同体事业的源头动力。

（一）天人合一，实践并成就中医阴阳五行理论的奠基者

中华文明"天人合一"的核心哲学观，就来自中国上古时代农耕文明的创造过程中。从已知的《河图》《洛书》文化开始，伏羲静观天地创造"先天八卦"，到神农始祖遍尝百草，宣医疗疾，都是中华文明核心体系中对阴阳五行理论的最早实践者。后人为了记住神农氏的这一功绩，将我国医药史上的第一部医药书籍称为《神农本草经》。后来流传至今的《黄帝内经》，依据"天人合一"、阴阳五行的理论基础，系统阐述了宇宙和人体的关系，成就中医哲学的理论巨著，成为中

华传统文明体系中核心的文化符号。

可以想象，神农始祖本人就是一个与天地合为一体的亲历者，利用"天人合一"的亲身体验，才能做到遍尝百草，辨识阴阳，制作药物，并把它对症运用到人体疾病的治疗。这一伟大的历史功绩，至今依然照耀人类。由此，天人合一、阴阳五行等理论为后来中华传统文化的发展，奠定了坚实的基础。

（二）绿色生态发展理念的开拓者

目前中华民族公认的农耕文明的始祖，即为炎帝神农氏。神农氏始做耒耜、教民耕种、播种五谷，始造明堂、相土而居，开启中华先人农耕文明的大幕，开拓了绿色生态发展的全新道路。

自主农业种植的开始，是中华民族走出的一条绿色生态与自然和谐发展的最佳道路，也是中华民族由穴居、游牧的原始社会进入全新农业文明时代的标志。中华祖先自此将可以不再从大自然中直接猎取食物，脱离了原始人类居无定所、食不果腹的游牧时代，走向择地定居、圈养五畜、种植五谷的自主发展之路。在此基础上，随着社会的发展，就形成了最初部落集中聚居地，也是我们现在城市的源头。这条发展之路，是一条相对破坏自然更少，与自然更加和谐发展的道路。这条道路是我们祖先迈出的绿色生态发展之路的最初步伐，中华民族沿着这条道路走了 5000 年，一直延续到现在。

随着世界人口的不断增加，地球生态环境已经到了她所能承载的极限。世界经济贸易的一体化，也促进了资源、人口的全球化分工配置，这一事实已不容置疑，也不可能再倒退回去。绿色生态的自然发展之路，全球形势已是迫在眉睫，需要全球人类的共同参与，需要世界各国人民在"和谐、文明、包容、开放、合作、共赢"的理念下，开辟出适合我们人类自己的可持续发展之路。

（三）"以人为本"、和谐包容发展的先行者

神农时代，处于下古时代原始社会末期，生存空间的争夺体现在人类与动物、人类不同部落和种族之间的争夺。神农氏教民耕种、相土而居、圈养五畜，一直是在寻求一种与不同部落和动物的和谐包容发展之路。神农部落进入农耕文明后，大大降低了与动物和其他部落地盘争夺需求，主动或部分被动地逐步南迁，进入今湖南株洲境内，并在这里长期定居繁衍，教民耕种、遍尝百草、弦木为弧、制琴作陶等，带领湖湘进入农耕文明初始时期。湖湘株洲炎陵成为中华民族始祖炎帝神农氏的安寝福地。

进入农业文明的中华民族，延续了 5000 年的灿烂文化，也成就了中华民族大度包容、尊道贵德的民族本性，礼仪之

邦的大国风度根源在此实不为虚。

神农始祖的历史功绩，每一项都是本着"以人为本"做出的开天辟地之举。"以人为本"的和谐包容发展理念，始终贯穿其一生。"以人为本，和谐共赢"也是中华新文明，构建人类命运共同体中核心理念。

（四）互惠互利、合作共赢发展的首创者

神农氏首开交易，"日中为市，交易而退"，为人类最早的贸易市场，有市场就形成了基本的"互惠互利"的交易规则。随着市场的不断发展和成熟，制陶、制琴、中医药、制麻、五谷分工等原始需求产业开始出现分工，形成部分专业人士和部落，部落与部落之间、人与人之间开始进行专业协作、物品交换，也大大解放了生产力，提高了生产效率，促进中华先祖向前迈进一大步。在此基础上，随着社会的不断发展，贸易的规则由物与物的直接交换，发展为区域货币、国家货币为媒介的交换。

贸易形式不断完善和变化，但其中"合作共赢、互惠互利"的交易规则，一直延续到现在遍布我国所有乡镇的集贸市场，延续到现在世界贸易的基本规则之中。没有互惠互利，就不会有合作的基础，没有合作就不会有共赢。这一规则的首创

者，无疑就在首辟市廛的神农氏。

（五）百折不挠、自强不息的创新精神始祖

神农氏在大自然中生存发展的过程中所创造的功绩，表现出中华先民强大的百折不挠、自强不息的创新精神。中华新文明体系的建立，同样时刻需要这种精神。

一个新文明体系的建立，必定会对旧有体制和利益格局产生冲击，过程必会艰难险阻。只有保持百折不挠、自强不息的精神，才能坚定信心，勇往直前，斩风破浪。新文明体系，首先离不开最新价值观、哲学理论的指导，离不开代表最前沿科技的推动，创新精神也必将自始至终融入中华新文明体系的创造过程。

神农氏的多项创造发明，将人类从原始社会带入农耕文明，是我们创造新文明体系的始祖，各项精神对我们创造新文明依然起到核心作用。

"半亩方塘一鉴开，天光云影共徘徊。问渠那得清如许，为有源头活水来。"理学一代宗师朱熹的这首诗，描写的源头活水中，神农文化精神当之无愧可以成为我们源头的核心干流，为后来中医道学、周易八卦、诸子百家、程朱理学、阳明心学等哲学体系培育了肥沃的土壤，赋予了中华文明能够

长期屹立于东方的强大生命力，造就了5000年中华文明灿烂的文化体系。

中华新文明，"新"的价值主要有：从时间轴看，是立足当下，传承过去，面向未来的；从空间轴看，是必须要面向全人类各个国家和民族的。历史发展到今天，人类早已将地球所有角落紧密联系在一起了，人类的发展已不能回到区域性、封闭性发展的时代了，人类的命运已经成为一个不可分割的共同体。

中华几千年和世界历史均可证明，不同文明之间只有相互尊重，求同存异，相互取长补短，才能和谐发展，共同进步。一切认为我正他邪，我高他低，人为划分等级，并强加自己文化价值观给别人的行为，都会给地球和人类带来惨痛乃至毁灭性的灾难。尊重要体现在政治、经济、教育、人文、宗教信仰、国格等各方面，这一切尊重的前提，首先就要有一个可以包容天下正确的价值观和哲学观，要形成一套海纳百川、包容开放的思想体系做指导。

中华文明从伏羲炎黄开始，就已经开启了天人合一、和谐自然的探索之路。炎帝神农始祖所创造的核心和谐包容等精神，为中华文明走向世界，实现人类命运共同体宏伟目标，成就中华新文明，奠定坚实的精神内核。发掘并发扬神农精神核心内容，是人类走向"天下大同"，实现人类命运共同体，走向人类全新文明时代的自然回归，是一件功在当代，利在千秋的宏伟事业。

第五章 弘神农文化 展时代新篇

一、同心同德 传承弘扬神农文化

炎帝神农氏是中华民族的始祖之一，他在远古时代创造的伟大文化成为 5000 年中华文明的重要源头。对中华文明母文化之一的炎帝神农文化传承价值的研究，新时期以来一直为党和政府及学术界所关注和重视，并形成了一系列重要的共识和成果，但由于炎帝神农文化的深入研究起步较晚，尤其作为炎帝神农所在地区对这一研究尤显肤浅和滞后，所以我们更应该加大力度研究神农文化，且加大对神农文化的弘扬传播，争做神农文化传承者。

（一）炎帝神农文化具有中华文明传承基因价值

"民以食为天"。中国社会发展在史前社会（主要指石器时代）是以农立族，进入文明社会后是以农立国。所以农业在中国社会的发展中始终占有极其重要的地位，甚至决定性的作用。因此中国农耕文化的创立是中华文明的源头。而这种源头有二：一是以长江流域为代表的以栽培稻作物为特征的稻作文化。以黄河流域为代表的栽培粟作物为特征的旱粮作物文化。前者的创始者是炎帝神农部落，后者创始者是黄帝部落，炎帝神农文化和黄帝文化都是中华文明之源，但因炎帝神农时代早于黄帝时代，因此，从时序角度讲，我们可以理解炎帝神农文化是中华文明最早最原始的源泉。

传说始祖炎帝神农氏在长期的实践中，进行了一系列的创造，对中华文明的形成起着决定性作用，被后世尊称为农业之祖、医药之祖、商贸之祖、音乐之祖、茶叶之祖。此外炎帝神农氏绩麻为布、《连山》衍易、弧矢宣威、制陶冶斧、煮海为盐、分时立节、度地经土、明堂吉礼、相土安居等等伟大功绩，都对中华文明发展起到了启蒙发端作用。

（二）炎帝神农文化具有华夏民族认同价值

炎帝神农文化的形成，经历了血缘认同、政治认同和文化认同的过程，这种认同，至今仍是维系民族团结、国家统一的牢固精神纽带。费孝通指出"几千年来，炎黄二帝作为中华民族的始兴和统一的象征，对于海内外中华儿女的民族认同和增强凝聚力、向心力，发挥了巨大作用"。

千百年来，中华民族一直尊奉炎黄为共同始祖，以炎黄子孙而自豪，形成了炎黄文化浓厚底蕴的爱国主义。在敬祖爱国的口号下，一切认同炎黄始祖的爱国人士和华人都可以超越阶级、阶层、党派的信仰差别，为同一祖先的血脉相连，生发出血浓于水的民族情感，激发和增进对祖国的忠诚和热爱。我们可以把一切可以团结的力量团结起来，共同为实现民族振兴而努力。

中华文明是多元一体化的文明，炎帝神农和黄帝一直被视为中国绝大多数民族的血缘始祖，中华文明的人格象征。千百年来，我国各族人民在敬祖爱国的旗帜下，超越阶级、阶层、党派的信仰差别，反对分裂和战乱，维护国家统一，加强民族融合、交流和团结。

在中国历史上，尽管有少数民族建立政权，但正如美国历史学家海斯在《世界史》"不变的中国"中说的那样："很多世纪以来，中国就是一个相当坚固和稳定的帝国；虽然那个帝国包括了不同的种族和宗教，并且被外来的侵略和内战所干扰，但是它却是统一的，被一种渗透到各个部分的共同文化团结在一起。"比如清朝尽管是满族建立的，但清朝的民族认同感却很强烈。雍正帝曾说，满族居住在黑龙江流域，就像汉族居住在黄河和长江流域一样，都是中国人，只是籍贯不同而已。又比如在中国北方活跃了数百年的鲜卑族，以及后来的辽、金均祖述"炎黄"二帝。

在近代，帝国主义野蛮侵略中国，中华民族一度走到山河破碎、民族危亡的紧急关头。当时尽管中国积贫积弱，但在民族大义的感召下，中华民族团结一致，同舟共济，共同抵御外侮，维护国家和民族统一。国共两党在带领各族人民共同抵御日寇的侵略上最为典型地体现了这一点。

今天，所有的炎黄子孙，尽管分布天涯海角，尽管信仰有别，但始终有一个认同和一种共同的情感：自己是华夏民族的后裔，是"炎黄子孙"，并把中华文明称之为"炎黄文化"，同时真诚地希望中华文明能够永久地屹立于世界文明之林，大放异彩都有着一种共同的情感：同一位祖先，血浓于水；共一个中华，情重于山。大力弘扬包括炎帝神农文化在内的"炎黄文化"可以最广泛地把海内外炎黄子孙联系、团结起来，促进和推动中华民族的昌盛和人类文明的发展。

当今世界正处在多极政治力量并存阶段，维护民族团结、祖国统一是时代的强音。中华民族若想免除国家分裂、民族崩离的苦难，迅速走上富民强国之路，就必须以民族大义为重，妥善处理民族关系。

现阶段，顺应时代要求，大力弘扬炎黄文化，进一步发挥炎黄文化的精神纽带作用，加强海峡两岸相互了解和交流，对于增进民族团结，反对"台独"分裂，早日实现祖国的和平统一大业具有重要的现实意义。

（三）炎帝神农文化具有治国理政资鉴价值

炎帝神农时代是传说中的"大同"世界。《礼记·礼运》篇中对这种社会做了这样的描述："大道之行也，天下为公。选贤与能，讲信修睦，故人不独亲其亲，不独子其子，使老有所终，壮有所用，幼有所长，鳏寡孤独残疾者皆有所养。男有分，女有归，货恶其弃于地也，不必藏于己，力恶其不出于身也，不必为己。是故谋闭而不兴，盗窃而乱贼而不作，故外户不闭，是谓大同。"

炎帝神农时代的"大同"社会，备受后人的推崇。《淮南子·主术训》说："昔神农之治天下也，神不驰于胸中，智不生于四域，怀其仁诚之心，甘雨时降，五谷蕃殖，春生夏长，秋收冬藏，月不时考，岁终献功，以时会谷，祀于明堂。"《新语·无为》说"民畏其威而从其化，怀其德而归其境，美其治而不敢违其政，民不罚而畏罪，不赏而欢悦。"《尸子》亦记载帝尧说"朕之比神农，犹旦之与昏也。"追求"大同"理想，成为中国历史上一个具有进步意义的思想传统，不仅是为孔子以后儒家学者所追求的最高社会理想和人生境界，而且是一些仁人志士为实现人类社会的进步而献身的一种思想动力。从晋文学家陶渊明在世外桃花源中寄托了的社会理想，到近代革命家孙中山以"天下为公"的社会理想，再到我们正努力构建和谐社会，都与炎帝神农的大同世界，一脉相承，同出一辙。构建和谐社会是我们共同的社会理想。虽然炎帝神农氏所处的朴素的和谐社会是我们今天所要构建的和谐社会的雏形，但炎帝神农文化中丰富的和谐思想，更能加强我们今天建设和谐社会的决心和信心，对促进和谐社会建设具有重要的借鉴意义。

（四）弘扬炎帝神农精神和文化的现代意义

十几亿海内外中华儿女都称为炎黄子孙，这是由于我们都是同源同根，一条血缘纽带承传下来的子子孙孙。

在原始时代，以炎黄部落为中心的华夏族团，是中华原始共同体形成过程中凝聚的核心和主体，也是在其后不同历史时期各个不同来源的民族成员，在中华民族多元一体格局形成过程中为大家所认同。历史悠久，影响深刻而广泛。由于中国历史发展和结构的多元一体格局的特点，不同地区和民族间对史书记载下来和历史传统中的历史人物，都存在着不同崇拜对象和信念，但对炎黄二帝的崇拜却最为普遍，除汉族外，在众多民族群中也广为流传。这是中国历史传统规律下所产生的独特的历史文化现象。如果我们深入底层去发掘探索，就可以找出产生的历史原因和社会原因。

从历史意义来说，炎帝神农时代（距今约 6500 年），实现了中国远古史上第一次部族大联合，也是氏族部落文化的大融合。可以说它是第一个中华原始文化共同体，炎帝神农是华夏族部落联盟的奠基人，为黄帝族后来的发展奠定了坚实的基础。

此后，炎、黄两部族不断壮大，而炎帝神农、黄帝的支裔族又很多，分布很广，影响很大，被黄河流域及长江流域的一些氏族公认为盟主。据考证，炎帝神农部族比黄帝部族早500多年。炎帝神农支裔族在黄帝氏族兴起前和以后，迁布很广，和黄帝及东方少昊部族融合为华夏族团后，形成影响广泛的华夏文化，这就是炎帝神农文化所产生的深刻的历史背景和社会根源，也是炎、黄二帝受到华夏民族十几亿海内外中华儿女普遍崇拜，共尊为始祖的真正原因。

炎帝神农部族在长期的迁移开拓的过程中，艰苦创业，创造了丰硕的物质财富和精神财富，积淀而形成了博大精深的炎帝神农文化，凝聚而铸就了伟大的炎帝神农精神。炎帝神农精神就是中华民族精神，炎帝神农文化是人类文明史上优秀文化的重要组成部分，是华夏胄裔和炎黄子孙自强不息，奋斗不止的强大精神支柱。可以说，没有炎帝神农精神和炎帝神农文化的源头，就无法在朝代交替和外族入侵中保持强大的国家凝聚力和民族亲和力，使中华民族生生不息，薪火相传；没有炎帝神农文化和炎帝神农精神的熏陶和润泽，就不可能培养出民族自尊、自强的精神和社会责任感，炎帝神农精神就像一条结实的纽带，联结着普天之下炎黄子孙的情感，并始终激励着一代又一代中华儿女为祖国统一、民族昌盛而奋力拼搏。因此，我们应该不断深化对炎帝神农精神和炎帝神农文化的伟大历史意义和现代意义的认识。

炎帝神农文化有许多特点，而最大的特点是它的多元性、原创性和包容性。农耕文化、工业文化、市场文化、音乐、美学和祭祀文化等，都是炎帝神农文化外延的具体内容，体现了它的多元性。并且源自炎帝神农氏，是炎帝神农氏及其先民们所首，因此，又具有原创性。炎帝神农氏在生产实践中，体现出来的开拓、创新、进取、奉献的精神是中华民族精神的精髓。炎帝神农文化，体现着我们民族自尊、自信、自立、自强不息的传统美德，形成了普天下炎黄子孙对自己伟大民族和共同先祖的认同感和自豪感，激发出巨大的民族凝聚力，具有包容性。正是以这种文化为根基和力量源泉，中华民族才赖以长盛不衰，生机盎然，蓬勃发展，重新屹立于世界民族之林。

关注文化，呼唤道德，将成为新世纪人类共同的心声。新世纪，文化与经济一体化必将来临，文化将成为各国争先开发的无形资源。"文化是一个国家综合国力的重要标志。如果说领土、领空和领海只是硬国土，有形国土，那么由一个国家的经济、政治和文化实力及其影响所及则是它的软国土，无形国土，我们不能忽视文化国土的安全和建设。"在和平和发展已经成为当今时代的主题的情况下，文化冲突不但仍然存在，而且在某些方面和地区变得十分激烈。美国哈佛大学教授塞缪尔·亨廷顿《文明的冲突》（1993年版）一文中断言，文明之间的冲突在未来的世纪中将会取代意识形态及其他形式的冲突而成为世界上主要的冲突形式。应该说，亨廷顿的预言已被已经发生或正在进行的诸多事件所证实。但是他从西方中心论出发，担心多元化的发展和美国流行文化的衰落而主张控制别的民族文化，这就为文化霸权主义埋下了祸根。在这种历史文化背景下，我们更应该充分认识弘扬炎帝神农精神和炎帝神农文化的现代意义：

一是迎接多元文化进程的需要。经济全球化大大促进了多种"中心论"的解体。世界各个角落加速了连成整体的历史进程。在这种情况下来弘扬炎帝神农精神和炎帝神农文化，将它推向亚洲，走向世界，使之成为灿烂的世界多元化中的一颗明珠，这必将为中华文化的发扬和世界文化多元发展做出应有的贡献，而要促进多元文化的进程，必须脚踏实地从自己做起。北京大学乐黛云教授说得好"正是由于这一认识论和文化论的深刻转变，对'他者'的寻求，对文化多元发展的贯彻等问题才被纷纷提出来，人们认识到不仅需要吸收多种文化以丰富自己，而且需要在与他种文化比较中更深入地认识自己以求发展，这就需要扩大视野，了解与自己的生活习惯、思维定式全然不同的他种文化"。我们中华民族向来有学习借鉴他种文化的传统和胸怀，被世人评价为"礼仪之邦"，而此一美誉正是来源炎帝神农的宽厚、仁爱、为民谋利的大公精神，孔子则称之为"天下为公"的"大同"境界。

二是发展经济的需要。炎帝神农在我国人民的心目中享有极高的威望。炎帝神农氏开拓进取的超凡智慧、惊人勇气和顽强精神，是鼓舞人民艰苦创业，发展经济，建设"四化"，振兴中华的强大动力。由于炎帝神农部族遍布大江南，尤其是南迁者甚多，所以湖南很多地方都留下了炎帝神农及其族裔的足迹，蕴藏着炎帝神农文化的深深积淀。不少自然景观和人文景观都与炎帝神农氏和炎帝神农文化有着千丝万缕的内在联系。甚至不少山名、水名、地名都与炎帝神农氏密切相关。我们应该把握炎帝神农氏、炎帝神农文化与湖南的关系，大力发掘炎帝神农文化，并以炎帝神农文化资源的开发，带动炎帝神农故里旅游，以旅游促进经济的发展。

作为炎黄子孙，传承炎帝神农精神，弘扬炎帝神农文化，是每一个中华儿女义不容辞的责任，让炎帝神农文化成风化人，让炎帝神农精神激励当代。

二、鼎新革故 创新演绎神农文化

炎帝神农是中华民族共同的人文初祖，后来的黄帝部落继承和发展了炎帝神农部落文明。炎黄文化是中华文化的根脉，是中华民族的纽带，是中华民族精神的源泉。通过以上简单分析，炎帝神农文化在当代具有重要价值，也是我们新时代发展文化的精神内核。

（一）增强中华民族凝聚力和自豪感

几千年来不仅是汉族，哪怕中国众多的其他少数民族，他们的统治者都宣称自己来源于炎帝神农和黄帝，以炎黄血统为正统，以炎黄血统为尊贵和自豪。中国人遍布世界各地，不论国籍、信仰，"炎黄子孙"这一称谓如同一根纽带从文化上将十多亿华人团结起来。据有关资料，台湾以炎帝神农为主神的庙宇就有130余座。弘扬和传承炎帝神农文化，有利于增强海峡两岸人民同根同源同文化的认同感。

（二）以民为本，注重民生

中华民族世世代代都铭记炎帝神农，祭祀神农感恩戴德几千年，很大程度上归功于炎帝神农良好地解决了人类原始社会的基本民生问题，即解决食物来源、保障身体安康、推动农业生产进步等。按照马斯洛的需求理论就是解决了第一层次的需求，而满足这一层次需求是满足其他层次需求的必经阶段，炎帝神农氏奠定了我国农业社会发展的基石。民生问题一直都是国家政府考虑的基本问题，国家的根本在于人民。炎帝神农氏对解决民生所做出的伟大贡献，是我国政府民生思想和实践的先河。关注民生是炎帝神农文化的核心，是我国政府治理国家的基本出发点。13亿中国人民有饭吃、有屋住、有病可医、老有所养，是我国和谐、稳定的基础，是实现中国梦的基础。以民为本、注重民生是当今研究和传承炎帝神农文化的意义所在，对于解决我国当今民生问题也有着重要的启示价值。

（三）炎帝神农文化是道德建设的国粹经典

炎帝神农是一位德高望重的古代先贤圣君，道德高尚，以德治天下，史书称他"有圣德"，德厚如神。在一定意义上堪称中华5000年文明礼仪之邦的始祖。

《史记·天官书》云："赤帝行德，天牢为之空。"《吕氏春秋》载："为天下及国，莫如以德，莫如行义，以德以义，不赏而民勤，不罚而邪正，此神农皇帝之政也。"《越绝书》："神农不贪天下而天下共富之，不以其智自贵于人，而天下共尊之"。《淮南子》云："神农之治天下也……，养民以公，其民端悫，不忿争才财足。""因天地之贡资而与之和同，是故威厉不用，法省而不烦。"因此在他的管辖范围内，"南到交趾，北至幽燕，东至阳谷，西至三危，莫不听从"。

炎帝神农文化蕴含了许多优良传统美德，是新时代社会发展不可缺少的道德文化底蕴。

1. 自省修德。《增补资治约纲鉴》载："炎帝神农之世，诸侯夙沙氏煮海为盐。不从帝命，炎帝神农益修厥德，夙沙我之民自攻其君，而来归其地。"《商君书·更法篇》载"伏羲、神农教而不诛；黄帝、尧舜诛而不怒"。以上记载表明炎帝神农氏十分注意自省，当遇到问题时首先想到的是自己的道德是否足以服众。

2. 寡欲养德。《淮南子》曰："神农之初作琴也。以归神，及其淫也，反其天心。"桓谭的《新论》说："琴，神农造也。琴之言，禁也。君子守以自禁也。"《吕氏春秋·诚廉》载："昔者神农之有天下，时祀尽敬而不祈福。其于人也，忠信尽治而无求焉。乐正与为正，乐治与为治，不以人之坏自成，不以人之庳自高也。"以上记载，表明炎帝神农氏十分注意节制人的情感、欲望，寡欲养德。

3. 以身行德。炎帝神农是以身行德的典范。他"不贪天下之财"、"不以其智能自贵于人"，不以首领帝王之位而安享福禄。他始终以民众利益为重，不畏艰险，身体力行，致力于制作生产工具，发展农业，发展医药等等，终因为民治病而崩，终生奉献。他的身上蕴含着"身体力行，民众第一，鞠躬尽瘁，死而后已"的高尚道德。

4. 推己及人。《路史后纪·禅通纪》载："（神农氏）又设教曰：民为邦本，食为民天。农不正，食不充；民不正，用不衷。士丁壮而不耕，则受其饥；女当年而不织，则当其寒。不贵难得之货，不器亡用之物。"这一记载，深刻揭示了炎帝神农氏推己及人，己所不欲，勿施于人的道德思想。

我们中华民族自古就有慎终追远、尊祖敬祖的优良传统，自古就敬奉炎帝神农氏和黄帝轩辕氏为共同人文始祖。炎帝神农率领众先民开创农耕文明所体现的坚韧不拔的开拓精神、百折不挠的创新精神、自强不息的进取精神、为民造福的奉献精神，是我们中华文化开天辟地5000多年而生生不息的重要缘由。今天炎帝神农文化承载着的远古故事和传说，蕴含的厚重文化和精神，仍具有特殊的社会功能、当下价值和深远意义。其千古之力，必定会在聚集全体炎黄子孙情志而倾注于时代、国家、人民的昌盛繁荣中展现巨大能量，也会时常昭示我们，一定要不忘初心，牢记使命，同心同德，沿着实现伟大复兴的壮阔道路砥砺奋进。

三、携手并肩 建设神农主题文化体系

5000 年前，华夏始祖炎帝神农高举文明之火，带领上古先民刀耕火种，开启了璀璨的华夏农耕文明。千百年来，无数炎黄子孙不远万里烈山寻根，抒发对先祖的感怀之心，对故里的思念之情。在他们的眼里，炎帝神农氏故里是华人的家、民族的魂。因此，传承和弘扬中华优秀传统文化，积极构建炎黄子孙共同的精神家园，必将汇聚成实现中国梦的磅礴力量，建设中国神农主题文化体系，更是有利于神农文化的弘扬及传承。

（一）增强文化自信讲好神农故事

炎帝神农氏初创农耕、发明医药、初兴交易、改善民生、重演八卦、发展文艺、注重教化等八大功绩以及神农架及辖区内部分地名的由来、神农像浮雕的含义、后人对炎帝神农缅怀的祭奠活动等等，我们要把一个个传说串成娓娓动听的故事，让人听得津津有味的同时加以大力传播开来。对炎帝神农氏我们应该有这样一个定位：炎帝神农氏不是神，而是人，但不是一般意义上的自然人，而是一位充当过一代社会先进生产力杰出代表的人，一位为开创中华原始文明、缔造华夏民族做出卓绝贡献的人。作为炎黄子孙，作为华夏的后裔，应当以神农后人为自豪，以传承神农勇于开拓、勇于创造，不谋私利、天下为公，自强不息、坚韧不拔的精神为己任，做堂堂正正的炎黄子孙，为华夏民族伟大复兴的中国梦添砖加瓦贡献力量。

（二）以弘扬炎帝神农文化、建设炎帝神农文化为己任

炎帝神农精神和炎帝神农文化是社会稳定和发展的基石。炎帝神农精神的最高境界就是"天下为公"的"大同"境界，以"大公"之心实现"大同之治"，反映了中华民族共同的美好理想。无私奉献，一心为公，使社会稳定发展，人民安居乐业，各得其所，是中国传统道德文化的价值原点。炎帝神农文化正是中华民族传统的道德文化。炎帝神农时代的人际关系是"讲信修睦"；是"亲亲""子子"；是"祭祀同福，死丧同恤，祸灾共之，人与人相畴，家与家相畴"。炎帝神农氏本人"怀其仁诚之心"，教民、利民、爱民。终为人民而献身，成为千古帝王之师，万代人民之范。所以炎帝神农精神和炎帝神农文化是我们中华民族极其宝贵的精神文化财富。江泽民

同志提出"以德治国",更需要弘扬炎帝神农精神和炎帝神农文化。实际上,我们今天的社会主义精神文明,也没有离开炎帝神农文化的实质内容。如果人类的每一分子都能"怀其仁诚之心"去关爱别人,都具备了为社会、为国家、为人民而献身的完善的人格品质,那人类社会将是一个理想的、和谐的社会,人类将不会再有战争和人际冲突,人类将在和谐中共同生存和发展,社会安定和平。所以炎帝神农精神和炎帝神农文化是社会稳定和发展的基石,呼吁每个炎黄子孙都要以弘扬炎帝神农文化、建设炎帝神农文化为己任,要在"普及"上下功夫,把炎帝神农"以人民为本"的精神传承下来。更要通过电影、电视剧、纪录片、动漫等老百姓喜闻乐见的艺术形式将炎帝神农作为人文始祖的历史功绩向世界展示。

(三)推动炎帝神农文化创造性转化、创新性发展

据上古传说和历史遗迹,黄帝部落南征过程中遭遇中原实力派部落领袖炎帝神农氏,交锋后组成炎黄部落联盟,后来其他部落纷纷加入,炎帝神农是为华夏民族的先驱之一。炎帝神农文化是传承几千年的中华民族文化之源,是凝聚全世界炎黄子孙的民族之魂,更是激励华夏儿女不屈不挠、顽强拼搏、创新奉献的精神之光。特别是世代流传的炎帝神农氏率领众先民鏖战洪荒的艰苦创业精神、自强不息的开拓创

新精神、厚德载物的民族团结精神，更是中华民族自尊、自立、自信、自强精神产生的源头和典范。

欲将炎帝神农文化打造成享誉国内外的文化品牌，就应将炎帝神农文化定位为它是"中国梦"的根与源，是炎黄子孙薪火相传的民族志向，是我们5000年来矢志不渝的民族情怀。炎帝神农文化应体现新时代鲜明的时代性。借鉴奥运会的圣火采集模式，在炎帝神农故里广场建立高高耸立的"圣火坛"，每年寻根节之前，选取具有代表性的国家重大建设成就场景现场采集和传递圣火，激励中华儿女的民族自豪感以及时代使命感。

搭建"炎帝神农文化广场"，紧紧把握"愈是民族的愈是世界的"文化传播规律，突出文化广场的泛众化。一是面对海内外世界华人；二是不分社会地位，唯一的入场标识就是"炎黄子孙"身份。尤其应彰显草根特色，寻找出自民间特别是耄耋之年的老者上台讲述流传于民间的代代口口相传的上古传说，并将之演绎成现代的影视文学作品，艺术再现上古时期的史前文明，深入挖掘炎帝神农文化精髓，深刻阐发蕴含其中的历史价值和时代意义。

四、共誉共荣 打造神农文化平台载体

1. 发展炎帝神农祭祀旅游经济 —— 保护弘扬神农文化

遗址遗迹吃水不忘挖井人，中国人历来有敬宗法祖，慎终追远的文化传统。专家考证最迟在夏朝就有了祭祀炎帝神农的活动。汉代以来炎帝神农氏被尊崇为三皇之一的地皇，祭祀活动越来越多，三皇庙几乎遍及全国汉民族居住地。清朝也把三皇五帝当作中国上古的帝王放在祖庙中祭祀。炎帝神农故里可以说是一个世界性寻根祭祖的名片。炎帝神农故里没有定论，湖北随州、山西高平、陕西宝鸡、湖南株洲和怀化都有足够的史籍和遗迹论证自己就是正宗。各地斥资数亿元建有自己的炎帝神农文化风景区或者是纪念馆，并举办宏大的炎帝神农寻根祭祀活动，对外宣传和展示自己的城市文化形象。各地通过文化盛会吸引海内外企业家回国祭祀祖先、投资开发，通过景区建设带动相关配套设施建设，构建旅游产业链条，促进当地人民收入和生活质量提高。四省五地都非常重视保护本地的神农文化遗址和遗迹,四省五地的炎帝神农故里谒祖祭典基本都成功申报进入国家级非物质文化遗产名录。

2. 寻根谒祖打造寻根节 —— 传颂炎帝神农文化的圣地品牌

炎帝神农文化是华夏文明起源的基石,是中华优秀传统文化的第一符号,世界华人炎帝神农故里寻根节可以打造成最重要的纪念炎帝神农的文化品牌,也可以将其打造成一项全球性的文化活动。这场文化的盛会将以国家非物质文化遗产"炎帝神农祭典"为核心,以炎帝神农文化为纽带,凝聚和寄托天下华人"血脉同根 文化同源 民族复兴"的夙愿,能够促进港澳台同胞、海外侨胞对中华民族的归属感,促进56个民族对中华大家庭的认同感。寻根节在炎帝神农故里的举办,将在弘扬炎帝神农精神、传承中华文化、凝聚海内外华人民族情感方面发挥的重要作用,进而为实现中华民族伟大复兴的中国梦提供精神动力和文化自信。

3. 炎帝神农祭祀 —— 传播炎帝神农文化的重要平台

历代以来,炎帝陵的祭祀活动已然形成一整套既定程序,即"祭典"。如今炎帝陵祭典谨循祖制,公祭典礼一般按:击鼓九通、鸣金九响、鸣炮奏乐;敬献贡品;乐舞告祭(大合唱);敬香;敬献花篮;全体鞠躬;恭诵祭文;敬焚帛书;鸣炮、奏乐、礼成等九项仪程举行。2006年,"炎帝陵祭典"入选国家首批非物质文化遗产名录。

1993年至今,湖南省、株洲市政府先后举办大型公祭大典活动30余次,组织大的民间文化祭祀活动5000余次,吸引众多港澳台同胞和海内外华人华侨前来谒祖寻根。特别是在两岸交流中,炎帝陵更成为两岸人民文化联系的一条纽带。炎帝神农在台湾被奉为神农大帝,尤其台湾南部地区因以农业为主,对神农大帝信仰甚为普遍。改革开放以来,湘台炎帝神农文化交流日趋热络,已连续8次举办"海峡两岸炎帝神农文化祭"活动,连续举办十四届湘台经贸文化交流会。湘台炎帝神农文化交流相继被国家列入年度重点交流项目。

由于湖南省炎帝陵基金会坚持围绕"炎帝和炎帝陵祭祀",注重广泛开展相关史料的收集、整理和研究,激发了大量有关炎帝神农文化的文学作品、音乐、舞蹈的创作生产,不但有效地传承了"炎帝陵祭典"这个非物质文化遗产,也使中华民族文明发源地文化发祥地项目充分扩大了影响力。与此同时,湖南省炎帝陵基金会还坚持与中华炎黄文化研究会、黄帝陵基金会联合举办全国炎黄文化学术研讨会;连续七届共同组织、组团出席由湖北、湖南、山西、安徽、江西、河南等中部六省联合举行的"炎黄文化论坛"。2011年，成立了由湖南省炎帝陵基金会、湖南工业大学、湖南大学岳麓书院、湖南师范大学历史文化学院、湖南涉外经济学院等单位以及多位知名专家学者组成的湖南神农炎帝研究会，定期主办"海峡两岸神农炎帝神农文化论坛"，创办了内部学术会刊，为广大专家学者搭建交流发表学术研究成果的平台。为使中华优秀传统文化富有成效地在广大青少年中培根铸魂，湖南省炎帝陵基金会主编了《炎帝神农文化读本》，大力推行炎帝神农文化进校园活动，不断扩大和深化了炎帝神农文化的宣传普及，受到社会普遍赞同。

4. 炎帝神农文化庙会
—— 传播炎帝神农文化的重要平台

最能体现地域文化、参与面最广、最接地气的莫过于炎帝神农文化庙会。2010年至2015年连续6年随州在炎帝神农故里景区举办的炎帝神农文化庙会，为海内外游客献上了一道道精美的文化大餐，濒临失传的随州花鼓戏、义阳大鼓等传统节目，在注入炎帝神农文化元素后，被重新搬上舞台，引得游客纷纷叫好。安居板凳龙、天河口九莲灯、唐县镇随州慢板和随县"三独"（独人轿、独角兽、独轮车）、万福店摔跤等民间特色文艺节目相继成为每年的风俗节庆。

炎帝神农文化庙会作为传扬炎帝神农文化的群众文化活动平台，传承了"共生""利民"等炎帝神农文化的精髓，在丰富群众精神文化生活的同时，逐步擦亮了炎帝神农文化品牌。

5. 炎帝神农文化进校园
—— 传承炎帝神农文化的有效载体

扎根基层，面向学生，让炎帝神农火种代代相传。近年来，炎帝陵基金会办公室响应株洲市委、市政府关于"做好炎帝神农文化文章"的号召，先后联系湖南工业大学、株洲市委党校（市行政学院）以及4所城市、县区中小学校作为"炎帝神农文化进校园"实验学校，按照"讲炎帝神农故事，唱炎帝神农歌曲，学炎帝神农文化，扬炎帝神农精神，做炎黄子孙"的工作思路，组织开展丰富多彩的校园活动，让炎帝神农文化走进校园，扎根青少年学子心灵。目前，各实验学校按照"有课本，有阵地，有师资，有活动，有实效"的要求，都取得不同程度成效。

来自各校教学一线的教师代表表示，要乘党的二十大传承中华文化的东风，把"炎帝神农文化进校园"做成株洲教育的又一个亮丽品牌。为使中华优秀传统文化富有成效地在广大青少年中培根铸魂，湖南省炎帝陵基金会主编了《炎帝神农文化读本》，大力推行炎帝神农文化进校园活动，不断扩大和深化了炎帝神农文化的宣传普及，受到社会普遍赞同。

第六章

因梦想而伟大 因文化而兴旺

一、践行神农文化而意志笃定

　　伟大集团继承和弘扬神农文化，按照城乡一体化发展理念，紧扣神农八大功德，融合现代产业发展，建设神农文化体验园，着力打造集神农演艺、中医药、百草五谷、养生养老、耕食市集和神农国学等各大场景于一体的神农康养小镇。

　　集团全方位深度挖掘神农文化的内核，打造独具特色的神农文化主题产品，延伸价值链，将神农文化产业发展成为伟大康养小，全面连锁发展的文化灵魂和根基，成就全面发展的动力引擎，并将担纲集团发展转型路径探索建设之任务！

二、融会神农文化而学以致用

伟大集团企业文化是企业的第一生命力，一个企业没有自己具有正确价值观的文化就如同一个人没有灵魂。管理说到底是对员工的了解和尊重，把员工的利益和企业的目标有机结合起来，实现共同的发展。伟大集团的企业文化对企业发展愿景、发展战略、核心价值观、经营理念、团队精神等多方面，均体现了神农文化中的敢为人先、自强不息、坚韧包容、天下为公等主要思想，体现了伟大集团企业文化的先进性。

1. 炎帝神农敢为人先体现了伟大集团勇于创新的精神

从敢于吃螃蟹，通过改制公司成为湖南省建设行业第一个改制成功的国有建筑企业，从轻车熟路的传统地产跳出来，转而投身到中国城乡一体化伟大小镇的建设，集团发起湖南省人民政府批准的第一支私募股权投资基金和第一家股权投资基金管理公司——伟大基金和湖南伟大股权投资基金管理有限公司，主动把握建筑节能发展趋势，积极响应国家发展绿色节能建筑的号召，与德国能源署、国家住建部合作，以德国技术建造真正高品质的科技节能百年建筑，并以德国被动房技术为主导，全面投入节能建筑的研发和建设。从一家濒临倒闭的国有施工企业，一跃发展成为集以城乡一体化小镇建设为主营，集金融、投资、基金管理、地产开发、节能建筑、工程建设、策划营销、现代农业、文化体育、旅游养老、商贸管理、社区服务连锁于一体产融结合的大型现代企业集团。伟大集团的发展无不体现了敢为人先、持续创新的伟大精神。

伟大集团文化手册对集团的发展战略定位为：创新经营，差异化发展，引领城乡一体化小镇发展新模式。集团充分认识到，唯有创新经营，实施差异化战略方能立于不败之地，确保企业可持续发展。

伟大集团思考中国社会状况和城市化发展模式，认识到中国的现代化发展之路必然从单一城市化发展跨越到城乡一体化发展。城乡一体化发展是世界各国发展的必然之路，也是中国未来发展的主要阶段，集团领先进入这一领域并且以最有价值的小镇建设运营为引领，这就是差异化发展，这一领域是集团发展的最大最好的舞台。集团联合国内外多家有志于城乡一体化发展、志同道合的战略研究、规划设计单位，吸纳全球业内顶尖人才，统一挂牌成立"中国城乡一体化发展国际研究设计机构"，共同致力于城乡一体化小镇发展的思想、模式、概念研究，为集团城乡一体化小镇连锁发展提供全面支撑。

城乡一体化小镇生活的社会创建，一定是关注人与人、人与自然、建设与生态的和谐，需要对城乡、产业和文化的深度整合！集团以小镇这种独特的生活场景为载体，打造优美的小镇生活方式，以国际视野谋划中国城乡一体化发展的未来，高举城乡一体化发展大旗，深耕城乡一体化发展领域。始终把产品融入深切的人文关怀和艺术追求、成为运用最新科学技术的载体，创新产品创新经营，用强烈的历史责任感，引领行业发展方向，始终做"城乡一体化小镇"发展新模式的引领者。伟大人立志为天下人创建城乡一体、优质宜居的美好小镇家园，连锁经营，做大规模，实现集团差异化跨越式发展。

2. 炎帝神农自强不息体现了伟大人的伟大奋斗精神

伟大集团的前身是原株洲市建筑工程公司，上世纪末，由于体制拖累、经营不善等原因，公司债台高筑，业务锐减，大部分职工下岗，人心涣散，企业面临崩盘的危机。2000 年，株洲市委、市政府决定重组公司领导班子。伟大集团大胆进行"整体置换国有资本，改变全民身份，组建有限责任公司"的深层次改革。根据员工的实际情况，制定了详细周密的改制方案，为员工提供了多样灵活的选择。2001 年 6 月，公司成为湖南省建筑行业第一个改制成功的国有建筑企业。

在企业逐步走上正轨后，伟大集团对产业结构重新进行调整，创造性地提出了"做大地产业、做强建设业、做优商贸业"的多元化经营思路，彻底改变之前单一依靠建设业发展的旧局。经营思路的调整，使集团从此走上了一条健康发展的快车道，特别是在地产开发上更是取得了引人注目的成绩。集团先后合资独资开发建设的海创·明珠花园、惠天然·山水国际、伟大国际广场，无论是规划设计还是工程质量，都成为株洲房地产市场公认的标杆，为株洲城市建设和城市品位、城市价值的提升做出了显著贡献。

2007年，长株潭获批中国"两型社会"改革配套试验区，长株潭"两型社会"的建设，是中央一种具有全局意义的战略考虑。国家为了鼓励试验区的发展，赋予试验区先行先试的政策创新权。长株潭"两型社会"的获批，使长株潭地区的发展因此进入了一个全新的阶段。

长株潭"两型社会"的获批，将给长株潭地区的城乡建设带来前所未有的巨大发展机遇，也将影响到全国各地城乡一体化建设，掀起城乡一体建设的热潮。一向敢打敢拼，勇于创新的伟大集团将眼光瞄向了前景无限美好的城乡建设这块广阔热土上，站在推进城乡一体共同发展的高度，决心在城乡一体建设这个大舞台上干出一番轰轰烈烈的业绩。

城乡建设的前景虽然无限广阔，但是也清醒认识到道路的曲折。事实已经证明，中国首创的城乡一体化特色小镇建设新模式是一条符合中国城乡建设的全新的先进的建设模式，项目的良好发展态势，不仅为中国城乡一体化建设探索出一条新路径，同时也为集团转型发展找到了新的方向。

3. 炎帝神农坚韧包容体现了伟大人的团结精神

伟大集团企业文化手册，对团队精神的阐述：大局为重、团结协作、担当奉献、执行至上。集团文化手册中旗帜鲜明地提出：团队精神是企业的灵魂。团队精神就是公司上下精诚团结、目标一致、协同共进，就如航行于大海的巨舰，有聪明舰长的正确指挥，有勇敢船员的协同配合，在这艘巨舰上每一个人都发挥着重要的作用，凝聚成劈波斩浪的巨大动力。一个成功的企业，只要具备了这种精神，就能在激烈的竞争中长盛不衰。团队精神也指一个组织具有的共同价值观和道德理念在企业文化上的反映。优秀团队的成员之间是紧紧团结在一起的，一个团队没有共同的价值观，就不会有统一意志、统一行动，当然就不会有战斗力，价值观是一个团队的灵魂，使得团队和个人具有生命的活力。

团结出战斗力，服从才能统一，执行出高效率，执行是优秀团队的灵魂，团结才能共赢才能实现更大发展。

人在一起不是团队，心在一起才是团队。下级服从上级，全员服从集团。力出一孔，利出一孔。企业最大的内耗是团队成员每个人都有自己的方向，最后就团队没有方向。只有团队心凝聚在一起，服从统一，向着一个方向，团队才有力量，人心齐泰山移，才能够创造出最大的成功。

团结就能发展，和谐从自己做起。用企业文化统一思想，协作友爱，包容尊重，沟通互动，帮台补台，就能形成合力，就能取得胜利。团结的力量是巨大的。大团队，小个人，任何人离开团队就会孤单，无论是企业的发展还是个人的事业，都离不开团队这个坚强的后盾。

定铁律，练铁军，敢于担当，拼搏奋进，永不满足，协作合力，执行到底，是团队每一个员工思想和行动上的自觉追求。

伟大集团追求团队的同心同德，实现客户、员工、股东、社会利益的协调共赢。

大局为重，团结为本，担当奉献，执行至上，协作共赢。大局意识是一个团队的格局，认同企业，忠诚企业，把自己融于企业，践行企业文化，追随企业发展战略，毫不保留地奉献自己的才华，齐心协力实现团队价值的同时实现个人的完美人生。

合作才能共赢。内部志同道合，团结发展；对外兼容并蓄，海纳百川，合作共赢。

任何时候，伟大人将铭记：集团是成就个人不能成就的大事业的舞台。

4. 炎帝神农天下为公体现了伟大人敢于担当的精神

伟大集团企业文化，提出忠诚和担当是伟大人的立身之基，创新和创业是伟大人的发展之本。致力于为天下人建造安居乐业的美好家园，创建幸福企业追求成功人生，是伟大人共同的理想，因此伟大人快乐工作；致力于践行企业文化，坚守正确价值观，优化企业环境，实现个人价值与企业价值的共赢，所以伟大人阳光正气。持续创新不断创业，追求卓越成就伟大。伟大集团首创"城乡一体化发展"新模式，破解城乡二元困局，为中国实现现代化努力，谋划新型社会的建设，推进城乡和谐可持续发展，伟大人执着追求，收获个人价值与企业发展的共赢硕果。

厚德载物，义利兼容。集团始终把追求理想报效国家定位在追求利益之上，始终把担当社会责任当成企业发展中不可或缺的一部分，紧跟中国现代化发展步伐和行业发展趋势，视城乡一体化和谐发展和实现中国现代化为己任，密切关注消费者的需求和利益，在城乡一体化特色小镇领域深耕细作，全力推进伟大小镇的连锁发展，精益求精，持续为客户和社会提供优质产品和优质服务，积极参与社会公益事业，企业累计捐款数千万元。

三、全力打造中国神农主题文化体系

作为神农文化的忠实弘扬者和传承者，伟大集团将以中华民族的集大成者的神农文化为文化主张，深挖神农文化根源，紧扣神农八大功德，建设以神农文化为核心的现代康养小镇。同时，集团将成立神农文化研究中心，旨在全方位深度挖掘神农文化的内核，打造独具特色的神农文化主题产品，延伸价值链，实现神农文化产业项目化、产业化、品牌化，进一步提升神农文化及产品的知名度、美誉度和影响力，将神农文化产业发展成为伟大康养小镇全面连锁发展的文化灵魂和根基，成就全面发展的动力引擎，并将担纲集团发展转型路径探索建设之任务！

实施"九个一工程"，打造神农主题文化体系

建立一套神农文化体系。全面搜集和整理、挖掘现有的神农文化研究成果，进行系统化分类，建立一套健全的神农文化体系，包含神农文化 VI 体系、神农文化系列丛书、影像、歌曲等文化传播资料等神农系列文化体系。

成立一所神农文化研究院。通过聘请和联合神农文化

研究专家、学者、政府领导、企业家以及相关文化机构，挂牌成立世界首个企业发起的神农文化专业研究机构——伟大·神农文化研究院。

策划一台神农主题舞台剧。结合社会主义核心思想价值观、伟大康养小镇、株洲炎帝陵等，深度挖掘神农文化精髓和内核，与株洲市及炎陵县政府、炎帝陵管理处和知名导演、演员及相关演艺公司通力合作，策划打造中国首部神农演绎主题的舞台剧，并在全国各地进行巡演。

拍摄一部神农炎帝主题电视连续剧。与国内顶级知名的编剧、导演、拍摄制作公司进行合作，筹划国内首部以炎帝神农为主题的电视连续剧的拍摄。

召开一次神农文化研究高峰论坛。与湖南炎帝基金会、炎陵神农文化研究协会、湖南工大湘东炎帝神农文化研究所等神农文化研究机构等通力合作，在株洲举办一次全球性的高规格神农文化研究高峰论坛，全面推广神农文化，全面推介以神农文化为核心的现代康养小镇，全面彰显伟大集团的社会责任担当。

举办一场神农文化主题展览盛会。征集现有的神农文化研究成果，或策划神农主题绘画、征文、摄影征集活动，或与神农相关的企业（农作物、中医药），联合举办一场声势浩荡的神农文化主题展览，全面展示神农文化的研究成果，以及相关产品，让市民全面了解神农文化。

包装一系列神农主题产品。围绕神农八大功德，与知名的茶园、酒厂、服装厂、音乐器、陶瓷材生产商等合作，精心策划、设计包装，大力营销推广，向社会推出神农圣泉、神农茗茶、神农陶艺、神农服饰、神农古琴、神农农特产等市场需求大、品质高、富有神农文化内涵的神农主题产品。

发起成立一所神农国学馆。依托自身发起成立的伟大神农文化研究院所拥有的知名神农文化研究专家、学者、企业家，根据不同年龄阶段的人群，发起成立国内首家神农国学馆，定期开设相关的课程，向社会全面传播神农文化。

打造一个神农文化园。依托湖南株洲 8000 亩青龙湾田园国际小镇，打造国内首个神农文化村 - 青龙湾神农文化村，全方位展示弘扬神农文化，创建寓教于游乐、寓教于乐的神农文化主题旅游区，国家级研学旅游示范基地、AAAA 级旅游区，成为市民体验神农文化的一个重要基地。

四、演绎神农文化建设田园国际小镇

　　伟大集团继承和弘扬神农文化，按照城乡一体化发展理念，紧扣神农八大功德，融合现代产业发展，建设神农文化体验园，着力打造集神农演艺、中医药、百草五谷、养生养老、耕食市集和神农国学等各大场景于一体的神农康养小镇。小镇以破解城乡二元困局、打造两型社会示范区、实现城乡一体化和谐发展为终极目标，以新型城镇化为手段，以城乡一体化特色小镇为平台，以绿色节能建设为支撑，以主题产业集群协调发展为基础，跳出传统开发的旧模式，以城乡区域现代化为发展目标，对范围内人文、建筑、商业、农业与地理原貌的大幅度保护并提质，保护优先，提质为本，适度开发，顶层设计，将小镇建设成为居住与观光农业、商业、文化、体育、休闲养生、适宜产业等相结合的"城乡综合体"，将城市资本转移到乡村，将城市设施配建到乡村，实现高品质生活社区与历史风貌、特色产业、乡村与田园风光和谐融合。以纯市场化的运作通过资源的多元化经营，实现城乡统筹发展互利共赢，实现新型社会的重构，实现城乡二元和谐，打造一个可持续健康发展的小镇循环体系和宏大规模的发展平台，缔造多个城乡一体、产居融合、生态绿色、安居乐业、可持续发展的"伟大小镇"。

目前，伟大集团已与中国中医科学院、树兰医疗、达安基因、阿尔法机器人、芒果传媒等知名机构紧密合作，共同推进伟大小镇的连锁发展和运营。伟大小镇依托集团旗下的国家一级开发企业——伟大地产以及惠天然发展两大开发品牌，以标准化的开发和质量管理体系，全面实施连锁发展和精品战略，为居者打造宜居、宜业、宜游的绿色幸福家园。

五、光大神农文化，助力实现伟大梦

根据伟大集团的发展规划，未来，伟大集团将乘国家和行业转型升级发展大势，持续创新执着追求，始终坚持以"经济发展、社会和谐、人民幸福"的"伟大小镇"为核心产品，以"生态、生产、生活"的创新追求为人民实现有品质的生命（三生成就一生），致力于成为中国城乡一体化小镇建设的引领者，坚持把"伟大小镇"的全国连锁作为集团发展的核心产品，确立以"伟大小镇"为核心产品的平台化发展模式，实现全产业全资源联动发展，以城乡建设、节能建筑、文旅商、金融基金等产业为发展引擎，打造可持续的产业聚合体系和大服务的互动共赢平台，实现城乡区域现代化发展目标，为人们创造美好幸福的生活方式。全力支持"伟大小镇"的全国连锁，成就一批"伟大小镇"关联上市企业，最终实现人企和社会的共赢发展。

在中华民族实现中国梦的伟大历史进程中，炎帝神农文化无疑是可以利用的宝贵文化资源。要实现国家富强、民族振兴、人民幸福的中国梦，需要弘扬炎帝神农文化团结一心、自强不息、改革创新、敢于担当的民族精神；弘扬炎帝神农文化的根脉效应；弘扬炎帝神农文化凝聚中国力量的纽带作用；弘扬炎帝神农文化作为中华民族伟大复兴的动力支持，使炎帝神农文化为时代变革提供最基本最稳定的文化认同，为实现中华民族的伟大复兴提供文化支撑。

作为一家有责任、有担当、敢创新的现代化企业，伟大集团作为神农文化的忠实弘扬者和传承者，不仅将神农文化作为企业文化的核心内容，全力打造中国神农主题文化体系，同时，按照城乡一体化发展理念，紧扣神农八大功德，融合现代产业发展，建设神农文化体验园，着力打造集神农演艺、中医药、百草五谷、养生养老、耕食市集和神农国学等各大场景于一体的神农康养小镇，让神农文化随着伟大集团城乡一体化"伟大小镇"的全国连锁走向全国和全世界，让国人和世界人民感受神农文化的魅力，为实现中国梦添砖加瓦，增光添彩！